CLAUDIA RIMKUS UND BETTINA REIMANN

PLÄTZCHEN *Diebe*
FEST DER LIEBE

GESCHICHTEN UND GEDICHTE
BERÜHREND.
HEITER.
KRIMINELL.

W0076228

be!media

Copyright 2024
be!media Verlag und Agentur,
Wasserwerkstraße 20,
30900 Wedemark

Umschlaggestaltung und Produktion:
Bettina Reimann
Lektorat: Bernd Winter

Covergestaltung unter Verwendung eines Bildes
von Joujou, pixelio.de
Fotos auf den Seiten 60, 68, 107, 125, 168, 197: pixabay
Alle weiteren Fotos und Grafiken: Reimann / Rimkus

Druck: WIRmachenDruck GmbH,
71522 Backnang

ISBN: 978-3-00-079519-0

 Vorwort

Das Fest der Liebe - legendär und erlebnisreich. Wenn Sie dieses Buch in der Hand halten, werden Sie zu jenen Menschen gehören, die Weihnachten mögen. Haben Sie es sich gerade mit einem Tee am Kamin gemütlich gemacht, um die Vorfreude zu genießen? Oder blättern Sie nur rasch ein wenig, weil es im Advent noch so viel zu tun gibt?

Kein Fest ohne Geschenke und den perfekten Christbaum, ohne Hektik der Vorweihnacht oder besinnliche Stunden bei Kerzenlicht. Dabei kann schon mal etwas schiefgehen. Gelegentlich sogar eine Menge, ob vor der Haustür oder in den unendlichen Weiten des Nordpols. Auch davon handeln unsere Geschichten - und von Erinnerung, Sehnsucht, vom Weihnachtsmann sowie von Übeltätern, die gern im düsteren Dezember unterwegs sind. Die kühn aufs Papier geworfenen Texte dieses Buches sind eine Einladung für alle, die dem Weihnachtsstress ein Weilchen entfliehen wollen.

Lehnen Sie sich zurück und tauchen Sie ein in unsere ganz spezielle Weihnachtswelt. Lassen Sie sich berühren, zum Lachen bringen oder in atemlose Spannung versetzen.
Eine schöne Weihnachtszeit wünschen Ihnen

Claudia Rimkus und Bettina Reimann

Inhaltsverzeichnis

Der nette Herr Müller

Claudia Rimkus

Der Wind jagte dunkelgraue Wolken über den Himmel, fuhr in die Kronen der hohen Bäume, zerrte letzte Blätter von den Ästen. Schon am frühen Nachmittag reichte das diffuse Tageslicht im alten Forsthaus in der Wedemark nicht mehr aus. Den Hauskater störte das nicht. Die graue Fellnase lag auf der Aussichtsplattform Fensterbank und hielt ein Nickerchen. Lina legte ihr Buch aus der Hand, stand auf und schaltete die Stehlampe mit dem gedrechselten Holzfuß und dem fransenbesetzten Lampenschirm ein. Warmes Licht erfüllte die Wohnstube.

»Danke, meine Liebe«, sagte ihre Schwester Martha, die bei leisen weihnachtlichen Klängen mit ihrem Stickrahmen in einem der beiden Ohrensessel saß. »Machst du bitte das Radio lauter? Ich möchte den Wetterbericht hören. Sollte es wirklich Sturm geben, müssen wir uns darauf einstellen.«

»Den Wagen habe ich vorhin schon in die Scheune gefahren«, erwiderte die pragmatische Lina und drehte am Lautstärkenregler. »Ich hole gleich noch Kaminholz rein.«

Sie setzte sich in den Sessel auf der anderen Seite des runden Beistelltisches und griff nach ihrer Lektüre, las aber nicht, da auch sie zunächst die 15-Uhr-News hören wollte.

Bei den Schreckensnachrichten aus aller Welt schüttelte sie mehrmals verständnislos den Kopf mit den akkurat frisierten weißen Löckchen. Ihr war unbegreiflich, warum die Machthaber rund um den Globus nicht in der Lage waren, aus den Fehlern der Vergangenheit zu lernen. Stattdessen fingen sie immer wieder Kriege an.

Unter den Neuigkeiten aus der Region war ein Bericht über einen Banküberfall in der nahegelegenen Samtgemeinde Schwarmstedt zu hören. Einer der beiden Täter hatte den Filialleiter erschossen. Mit der Beute in niedriger sechsstelliger Höhe waren die Verbrecher entkommen. Es folgte eine Warnung, Fremde nicht im Auto mitzunehmen. Außerdem wurde über einen schweren Unfall auf der Landstraße 190 mit Fahrerflucht informiert. Eine Studentin war dort mitsamt ihrem Mountainbike von einem Auto überrollt und erheblich verletzt worden.

In der anschließenden Wettervorhersage warnte der Moderator vor Starkregen, schweren Orkanböen und hohen Windgeschwindigkeiten. Die Bevölkerung solle Wälder meiden und möglichst zu Hause bleiben.

Martha ließ die Hände mit der Stickarbeit in den Schoß sinken. »Immer neue Katastrophenmeldungen. Es wird von Tag zu Tag schlimmer.«

»Deshalb müssen wir die Welt ein klein wenig besser gestalten. Jeder im Rahmen seiner Möglichkeiten.«

Mit einem Seufzer nickte Martha. Ihre Schwester hatte recht. Immerhin engagierten sie sich seit Jahren für die gute Sache.

Von Kind an lebten sie in diesem Haus. Die Mutter starb, als sie Teenager waren. Kurz vor der Pensionierung des Vaters, der Förster war, wurde ein neues Forsthaus am Waldrand gebaut, das über die Landstraße einfacher erreichbar war. Ihrem Vater bot man das alte Gebäude samt Grundstück günstig an und er hatte zugegriffen. Es war groß genug für ihn und seine mittlerweile erwachsenen Töchter. Später zog Hans ein, der Mann, den Martha dummerweise geheiratet hatte. Der charmante, aber leider untreue Holzhändler war nach dreiundzwanzig Ehejahren und etlichen Affären auf Nimmerwiedersehen verschwunden.

Lina war eine solche Erfahrung erspart geblieben, da sie vorsichtshalber unbemannt blieb. Nur hin und wieder hatte sie sich ein paar amouröse Stunden gegönnt, über Details jedoch den Mantel des Schweigens gehüllt.

Beide Schwestern hatten mit Kindern gearbeitet. Martha als Lehrerin in Schwarmstedt, Lina in einem Langenhagener Kinderheim als Erzieherin. Seit etwa 75 Jahren wohnten sie nun schon in diesem Haus zusammen. Keine wäre jemals auf den Gedanken gekommen, sich woanders niederzulassen. Sie liebten die Abgeschiedenheit mitten in der Natur. Nur Kartäuserkater Sokrates lebte mit ihnen im Haus. Die resolute und handwerklich geschickte Lina kümmerte sich um kleine Reparaturen und alles, was mit Technik zu tun hatte. Martha hingegen führte das Regiment in der Küche. Die Gartenarbeit teilten sie sich.

Besucher verirrten sich selten hierher. Manchmal kamen Wanderer vorbei, blieben für einen Plausch am Jägerzaun stehen und fotografierten das idyllisch gelegene Haus am Wald. Im Sommer zierten rot blühende Geranien die Blumenkästen vor den Fenstern und im Garten brummten und summten

Insekten bei ihren Flügen von Blüte zu Blüte. Die Vögel des Waldes zwitscherten um die Wette, der Specht hämmerte an seinem Zuhause, hin und wieder rief der Kuckuck oder abends ein Käuzchen. Eichhörnchen plünderten die Haselnusshecke und nachts schlich der Fuchs um den Hühnerstall.

In den Wintermonaten wurde es stiller. Die Tiere des Waldes waren seltener zu hören oder zu sehen. Hatte es jedoch geschneit, zeugten am Morgen die Spuren im Schnee von vierbeinigen Nachtschwärmern.

In diesem Jahr würde es laut Vorhersage keine weißen Weihnachten geben. Bei Plustemperaturen um die acht Grad regnete es oft und ergiebig. Nun war dazu Sturm angesagt. Den brauchte kein Mensch. Schon gar nicht zwei Tage vor dem Christfest. Dennoch mussten sich Martha und Lina keine Sorgen machen. Ihr Haus war aus dicken Eichenbohlen erbaut und hielt sogar einem Orkan stand.

Wie in den vergangenen Jahren hatte der amtierende Förster seinen Sohn mit einer prächtigen Tanne zu ihnen geschickt, die seit zwei Tagen festlich geschmückt in einer Ecke der Wohnstube erstrahlte und einen frischen, würzigen Duft verströmte. Am Morgen waren die Schwestern nach Elze zu Edeka Lüders gefahren, um ihre Vorräte aufzustocken. Das reichte bis nach Neujahr. So konnten sie entspannt dem entgegensehen, was auf sie zukommen würde.

Mit dem Kaminholz betrat Lina später die Stube.

»Der Wind ist deutlich stärker geworden«, berichtete sie und stellte den Korb neben der Feuerstelle ab. »Außerdem schüttet es inzwischen wieder. Die Hühner sind freiwillig in ihren Stall geflüchtet.«

»Die wissen eben, was gut für sie ist«, erwiderte Martha, die Biologie und Chemie unterrichtet hatte. »Laut einer Studie sind sie intelligenter als allgemein angenommen.«

»Diesen Artikel habe ich auch gelesen. Der Vergleich mit dem dummen oder verrückten Huhn hinkt anscheinend.«

»Genauso wie der mit der Rabenmutter. Diese Vögel kümmern sich vorbildlich um ihre Brut.«

Nachdenklich nickte ihre Schwester und ließ sich in ihren Sessel sinken.

»Hätte Hans nicht ständig in fremden Revieren gewildert, sondern mehr Zeit in seinem Ehebett verbracht, hättest wenigstens du Kinder. Du wärst bestimmt eine tolle Mutter geworden.«

»Es hat halt nicht sollen sein. Zum Glück hat unsere Cousine erfolgreich an der Nachwuchsfrage gearbeitet.«

»Dadurch werden unsere beiden Patenkinder das alles hier mal übernehmen«, fügte Lina hinzu. »Das Anwesen ist bei ihnen in guten Händen.«

Als die Schwestern beim Abendessen saßen, nahm der Sturm hörbar Fahrt auf. Der Regen peitschte unablässig gegen die Scheiben des Küchenfensters. Für Lina und Martha waren solche Unwetter nichts Neues. Sie wussten, wie sie sich verhalten mussten und blieben gelassen.

Nur der Kater streifte unruhig durchs Haus. Spätestens wenn sich seine Menschen vor den Fernseher setzten, würde er sich dazu gesellen und mit ihnen in der Nähe des behaglichen Kaminfeuers auf den Donnerstagskrimi warten.

Kaum hatten es sich die Damen im Wohnzimmer gemütlich gemacht, durchdrang ein dumpfes Poltern das Sturmbrausen.

Lina richtete sich kerzengerade in ihrem Ohrensessel auf.

»Hast du das gehört? Was war das?«

»Anscheinend hat der Wind im Hof irgendwas umgerissen.« Martha erhob sich, trat ans Fenster und schaute hinaus. Erkennen konnte sie nichts. Sie zuckte die Schultern und wandte sich wieder um. Im nächsten Moment erklang das Dröhnen erneut. Nun mehrmals hintereinander.

»Da ist jemand an der Tür«, vermutete Lina und stand ebenfalls auf. »Ich sehe mal nach.«

»Lass bloß keine fremden Männer rein«, scherzte Martha. »Es sei denn, der Weihnachtsmann begehrt Einlass.«

»Der wird sich hüten, bei dem Sauwetter Hausbesuche zu machen.« Entschlossen ging Lina in die Diele. Dort lugte sie durch den Türspion. Draußen stand ein Mann, dem das Wasser aus den klatschnassen Haaren lief.

Mit der Faust hämmerte er gegen die Eichentür.

»Hallo! Machen Sie bitte auf!«

Lina zögerte nur einen Moment, dann drehte sie den Schlüssel im Schloss und öffnete. Die kleine Hauslaterne schaukelte vom Wind getrieben über dem Kopf des Besuchers quietschend hin und her.

»Tut mir leid, Sie zu stören. Ich brauche dringend ein trockenes Plätzchen. Das Unwetter hat mich auf meiner Wanderung kalt erwischt. Darf ich das Ende des Sturms in Ihrer Scheune abwarten?«

»Kommen Sie erst mal ins Warme«, erwiderte sie mitfühlend und gab die Tür frei. Er schlüpfte an ihr vorbei in die Diele, blieb aber nach zwei Schritten stehen.

»Ich will Ihnen nicht alles nass und dreckig machen.«

»Ziehen Sie Jacke und Schuhe aus. Ich hole Ihnen ein Handtuch.« Während er seinen Rucksack ablegte, betrat Lina das kleine Erdgeschossbad und kehrte mit einem großen Frotteetuch zurück.

»Vielen Dank.« Er rubbelte mit dem Stoff zuerst durch sein dichtes Haar, dann fuhr er damit über sein Gesicht. »Ich hätte mich wohl vor meinem Aufbruch nach dem Wetterbericht erkundigen sollen, aber wer rechnet schon so kurz vor Weihnachten mit Dauerregen und Sturm?«

»Winterstürme sind im Dezember gar nicht so selten. Egal ob mit Regen oder Schnee.« Interessiert musterte sie ihn von Kopf bis Fuß. Er war etwa Ende zwanzig und wahrscheinlich bis auf die Haut durchnässt. »Haben Sie trockene Klamotten dabei?«

»Leider nicht.« Sein bedauerndes Lächeln wirkte sympathisch. »Meine Freundin hat mich abserviert, weil sie sich in einen anderen verliebt hat. Da bin ich einfach losgelaufen, um den Kopf freizukriegen.«

Verstehend nickte Lina.

»Dann kommen Sie mal mit, Herr …«

Er deutete eine Verbeugung an. »Thomas Müller.«

»Ich bin Lina Rombach.« Sie führte ihn in die erste Etage zum ehemaligen Zimmer ihres Vaters, das hin und wieder für Gäste genutzt wurde. Aus einer Kommode nahm sie Jeans und ein kariertes Hemd. Beides legte sie aufs Bett.

»Das müsste Ihnen passen. Mein verstorbener Vater hatte ungefähr Ihre Statur. Ziehen Sie sich um und dann kommen Sie runter. Sie haben bestimmt Hunger.«

»Vielen Dank, aber ich möchte Ihnen keine Umstände machen.«

»Das tun Sie nicht.« Lina verließ den Raum und schloss die Tür.

Im Erdgeschoss unterrichtete sie ihre Schwester über den Übernachtungsgast, bevor sie in der Küche einen Teller mit Schnittchen zubereitete.

Nach einer Weile betrat sie mit dem Besucher die Wohnstube.

»Das ist meine Schwester Martha«, sagte Lina, die ein Tablett hereintrug. »Wir bewohnen das Haus zusammen.«

»Danke, dass ich hier sein darf«, sagte er lächelnd und setzte sich an den Tisch. »Sie sind meine Rettung.«

Auch ohne Fernsehkrimi wurde es ein angenehmer Abend mit guten Gesprächen. Der nette Herr Müller verstand es, interessant zu plaudern, besaß Humor und versprühte seinen Charme bei den Schwestern.

Nur Sokrates empfand den Besuch als Zumutung. Fremde waren ihm suspekt. Er verzog sich genervt in seine Katzenhöhle. Immerhin war er nicht mehr der Jüngste und fühlte sich in seinem gewohnten Tagesablauf empfindlich gestört.

Wie gewöhnlich saßen die Schwestern am nächsten Morgen zeitig beim Frühstück. Der freundliche Herr Müller war noch nicht heruntergekommen. Über Nacht waren Sturm und Regen weitergezogen. Es versprach ein sonniger Tag zu werden.

Während Martha ihr Frühstücksgeschirr in die Spülmaschine räumte, verließ Lina die Küche, um das Fenster in ihrem Zimmer zu schließen. Als sie an der Gästeunterkunft vorbeiging, drang von drinnen kein Geräusch auf den Flur. Nach der langen Wanderung durch das Unwetter war der

14

junge Mann wohl völlig erschöpft in einen komaähnlichen Zustand gefallen.

Lina betrat ihren Schlafraum und machte zuerst das Bett. Als sie sich zum gekippten Fenster wandte, sah sie durch die Gardine einen Schatten. Offenbar war Herr Müller nebenan auf den Balkon gegangen, der über die gesamte Hausseite verlief. Lina wollte sich bemerkbar machen, hielt jedoch inne, da ihr Gast sein Telefon ans Ohr hob.

»Nach dem Frühstück verschwinde ich aus Nienburg«, teilte er seinem Gesprächspartner mit, bevor er einen Moment zuhörte. »Ja, es wäre zu gefährlich, die beiden alten Schachteln am Leben zu lassen. Niemand wird erfahren, in welcher Gegend sich der Bankräuber aufgehalten hat.« Mehr konnte Lina nicht verstehen, da er sich herumdrehte und ihr den Rücken zuwandte.

Im ersten Moment war sie fassungslos, verfiel aber nicht in Panik. Auf Zehenspitzen verließ sie ihr Zimmer, lief in die Küche und schloss die Tür von innen. So ruhig wie möglich berichtete sie ihrer Schwester, was sie gehört hatte.

»Das wundert mich nicht.« Martha tippte aufs Display des vor ihr liegenden Tablets, worauf sich eine Zeitungsseite mit einem Phantombild öffnete. »Das ist eindeutig der nette Herr Müller. Angeblich war er es, der unseren Filialleiter erschossen hat. Und uns will er jetzt also auch umbringen.«

»Genau. Und er hat am Telefon behauptet, er sei in Nienburg. Das ist etwa 50 Kilometer von hier entfernt. Anscheinend hat er keine Lust, die Beute mit seinem Komplizen zu teilen und ihm deshalb einen falschen Aufenthaltsort genannt.«

»Wir müssen sofort die Polizei rufen.«

»Dafür ist keine Zeit. Bis die hier ist, hat uns der reizende Herr Müller womöglich schon abgemurkst.«

»Was schlägst du vor?«

»Haben wir unsere Probleme nicht immer auf unsere Weise gelöst?«

»Du willst …?«

»Hast du eine bessere Idee? Wir müssen uns beeilen.«

»Okay.« Während Lina schon die Warmhaltekanne öffnete, stand Martha auf und fischte hinter der Suppenterrine ein kleines braunes Pipettenfläschchen aus dem Küchenbuffet. Auf den ersten Blick wirkte es unscheinbar. Auf den zweiten gefährlich, da das Glas mit einem Totenkopfaufkleber verziert war. Als Chemielehrerin war Martha es gewohnt, akkurat zu dosieren. Zwanzig Tröpfchen einer klaren Flüssigkeit verfeinerten im Nu den Kaffee. Während Lina die Kanne verschloss, verschwand das Fläschchen in seinem Versteck und das Tablet in einer Schublade.

Näher kommende Schritte veranlassten sie, sich rasch an den Tisch zu setzen. Keine Sekunde zu früh. Der reizende Herr Müller kam herein und wünschte bester Stimmung einen guten Morgen.

»Setzen Sie sich«, sagte Lina mit Unschuldslächeln. »Sie können bestimmt ein kräftiges Frühstück vertragen.«

Martha nahm den Deckel von einer Thermoschüssel.

»Ich habe Ihnen Rührei mit Schinken warmgehalten.«

»Sie verwöhnen mich.«

»Das tun wir gern.« Sie häufte ihm eine Portion auf den Teller, während Lina seine Kaffeetasse füllte und das Milchkännchen in seine Reichweite rückte.

»Es war gestern ein schöner Abend.« Lina wechselte einen schnellen Blick mit ihrer Schwester. »Durch Ihr Beziehungs-Aus haben Sie vielleicht Zeit, noch ein paar Tage zu bleiben. Sie könnten Weihnachten mit uns verbringen. Marthas Gänsebraten ist sensationell.«

»Das ist ein sehr verlockendes Angebot, aber meine Eltern würden es mir nie verzeihen, wenn ich über die Feiertage nicht nach Hause käme.«

»Schade. Wir haben selten einen so netten Gast.«

Während er frühstückte, erzählten die Schwestern von Weihnachtsfesten in ihrer Kindheit, als die ganze Familie am Tisch saß und der Weihnachtsmann durch den verschneiten Wald gestapft kam. Der ahnungslose Herr Müller durchschaute das Ablenkungsmanöver nicht. Er ließ sich das reichhaltige Angebot schmecken und lobte das besondere Aroma des Spezialitätenkaffees, den Lina übers Internet bei einer Rösterei in Bremen bestellte. Der junge Mann gestand, wie lebenswichtig Kaffee für ihn besonders morgens sei, um in die Gänge zu kommen. Lina versprach, ihm ein Päckchen dieser besonderen Sorte mitzugeben. Darüber schien er sich zu freuen. Als er nach der dritten Tasse mehrmals gähnte, äußerte Lina die Vermutung, er sei nach der anstrengenden Wanderung durch das Unwetter noch etwas angeschlagen. Frische Luft sei bestimmt hilfreich.

Durch die Hintertür gelangten sie von der Küche aus direkt in den Garten auf der Rückseite des Hauses. Resolut hakte Lina den leicht schwankenden Herrn Müller unter und führte ihn zu einer rustikalen, aus Eichenstämmen gezimmerten Bank unter einer überdachten Pergola. Dort konnte er sich kaum noch auf den Beinen halten. Lina setzte sich und zog ihn neben sich.

»Ich kann mir das gar nicht erklären«, nuschelte der nette Herr Müller. »In meinem Kopf fühlt es sich an wie … eine Achterbahnfahrt im Vollrausch.«

»Das liegt am Spezialkaffee«, erklärte sie gleichbleibend freundlich, wobei sie ihn eingehend musterte. So kraftlos konnte er ihr nicht mehr gefährlich werden. »Gestern ist es Ihnen gelungen, die beiden alten Schachteln zu täuschen, aber inzwischen wissen wir Bescheid. Sie sind einer der gesuchten Bankräuber. Bevor sie sich vom Acker machen würden, wollten Sie uns aus dem Weg räumen. Dummerweise haben wir andere Zukunftspläne. Das verstehen Sie doch, oder?«

»Was? Nein, nein! Wie kommen Sie denn auf so was?« Auf seiner Stirn bildeten sich Schweißperlen. Anscheinend hielt er es für gesünder, zu kooperieren. »Aber Sie haben recht … Mein Kumpel hat mich zu dem Überfall überredet. Er war es auch, der … geschossen hat.« Das Sprechen fiel ihm zusehends schwerer. »Und dann stand neben … unserem Fluchtwagen ein großes Lieferfahrzeug. Wir konnten … unmöglich warten, bis … der Fahrer auftaucht und … haben uns getrennt.«

»Eine interessante Geschichte«, befand Lina und deutete nach rechts. »Sehen Sie das große Blumenbeet? Im Sommer blüht es dort an der gesamten Zaunlänge in allen Farben. Bevor unsere Mutter starb, hat sie unserem Vater das Versprechen abgenommen, sie hier auf dem Gelände zu beerdigen. Irgendwie ist es ihm dann gelungen, die Urne mit ihrer Asche zu organisieren und unter den Rosen beizusetzen. So war sie immer in unserer Nähe. Nach dem Tod unseres Vaters haben wir es genauso gemacht und seine Urne neben unserer Mutter bestattet.« Sie musterte ihn freundlich lächelnd, bemerkte sein bleiches Gesicht und seinen schweren Atem. »In den darauffolgenden Jahren mussten wir unseren kleinen Friedhof immer mal wieder erweitern.«

Die Angst stand ihm ins Gesicht geschrieben.

»Das ist nicht … Ihr Ernst …«

Lina ließ einen übertriebenen Seufzer hören.

»Unter dem Rhododendron ruhen die sterblichen Überreste meines Schwagers, der nicht nur untreu, sondern dazu noch ein skrupelloses Schwein war. Na ja, und den korrupten Kommunalpolitiker, der sich die Taschen vollgestopft hat, anstatt das Kinderheim zu sanieren, hat es leider auch erwischt.«

Sie tat, als würde sie nachdenken. »Das war zwei Jahre bevor dieser Ausbrecher die Gegend unsicher gemacht hat. Ein brutaler Vergewaltiger, den nur eine Kugel stoppen konnte. Zum Glück haben wir für den Notfall die Flinte unseres Vaters im Haus. Jetzt ruht der entflohene Sträfling friedlich unter den Maiglöckchen.« Fragend schaute sie den Mann neben sich an. »Bevorzugen Sie ein Plätzchen bei den herrlichen Hortensien oder lieber neben dem Fliederbusch?« Da sie den Kaffeesatz regelmäßig als Dünger benutzten, würde der dahinscheidende Besucher noch lange in den versprochenen Genuss kommen.

Ein Zittern ergriff den Körper des netten Herrn Müller.

»Bitte, lassen Sie … mich gehen. In meinem Ruck … sack ist eine Menge Kohle. Sie können … alles behalten.«

»Die Beute aus dem Bankraub hat meine Schwester inzwischen bestimmt schon sichergestellt. Wir werden das Geld an verschiedene soziale Einrichtungen spenden. Beispielsweise braucht das örtliche Kinderheim dringend ein neues Dach. Das ist bestimmt in Ihrem Sinne, lieber Herr Müller.«

Stöhnend riss er noch einmal die Augen auf, dann kippte er mit einem letzten Schnaufer einfach zur Seite.

Martha hatte die Szene von der Scheune aus beobachtet und eilte mit einer moosgrünen Plane herbei, die sie über dem toten Herrn Müller ausbreitete.

»Mit Gartenarbeit haben wir uns so kurz vor Weihnachten noch nie die Zeit vertrieben«, sagte sie mit leisem Vorwurf in der Stimme. »Erfreulicherweise ist die Erde nicht gefroren, sonst müssten wir den netten Herrn Müller bis zum Frühling irgendwo zwischenlagern.«

»Lass uns am besten gleich mit dem Graben anfangen. Und morgen zünden wir nach dem Weihnachtsgottesdienst eine Kerze für den großzügigen Herrn Müller an.«

Endlich

Claudia Rimkus

Kennt ihr alle das nicht auch?
Dies leichte Kribbeln tief im Bauch?
Ein Blick auf den Kalender
spätestens Anfang September.

Endlich ist es dann so weit,
es beginnt die Weihnachtszeit.
Die Warterei hat nun ein Ende
zum Supermarkt geht es behände.

Vollgepackt mit einem Male
sind Tische oder die Regale
mit dem, was wir so sehr vermisst,
weil man es erst im Winter isst.

Der Anblick ist bezaubernd schön,
acht Monate hat man's nicht geseh'n.
Die Sehnsucht war schon riesengroß
das war wirklich nicht famos.

Zu lange mussten wir schon darben,
nun wollen wir uns richtig laben,
an dem, was unser Herz begehrt,
was wir lange nicht verzehrt.

Sollen es Aachener Printen sein?
Oder nur ein Dominostein?
Aus Lübeck kommt das Marzipan,
in Brotform in den Läden an.

Spekulatius, Pfeffernüsse,
sind so liebliche Genüsse.
Anisplätzchen und Zimtsterne
knabbern wir im Freibad gerne.

Vanillekipferl und Lebkuchen
wollen wir schon jetzt versuchen.
Die Bethmännchen und Spitzbuben
erobern im Hochsommer unsere Stuben.

Florentiner und Makronen,
wollen wir auch nicht verschonen.
Und in allergrößter Not
tut es auch ein Früchtebrot.

Gebrannte Mandeln, Knickebein
dürfen's auch beim Grillfest sein.
Nougat, Kardamom und Zimt
man gerne mit nach Hause nimmt.

So wird in kühler Sommernacht
schon mal der Glühwein heiß gemacht.
Mit dem Mann aus Schokolade
kennen wir auch keine Gnade.

Christstollen und Spritzgebäck,
mümmeln wir genüsslich weg.
Drum ist es schon häufig vorgekommen,
dass vor Advent man zugenommen.

Das Fest der Liebe

Claudia Rimkus

Warm angezogen verließ Louisa das Haus, um einen Weihnachtsbaum zu kaufen. Früher war sie stets mit ihrem Mann und ihrem Sohn in den Wald gefahren, wo sie eine stattliche Tanne ausgesucht und selbst geschlagen hatten. Seit einigen Jahren war sie nun schon allein. Seitdem genügte ihr ein kleines Bäumchen.

An diesem Freitagnachmittag vor den Feiertagen herrschte dichtes Gedränge am Verkaufsstand in der Nähe des Weihnachtsmarkts auf der Lister Meile in Hannover. Aufgereiht standen Bäume unterschiedlicher Größe in Holzständern und warteten darauf, für eine Weihnachtsstube ausgesucht zu werden. Die Auswahl erwies sich als vielfältig. Nordmanntannen, Blaufichten, intensiv duftende Edel- oder Nobilistannen. Bio-Bäume mit oder ohne Ballen. Sogar Mietweihnachtsbäume wurden neuerdings angeboten.

Louisa beschloss wegen des Andrangs, zuerst ihren täglichen Spaziergang zu unternehmen und anschließend noch einmal herzukommen. Fünfzehn Minuten später tauchte sie in den Stadtwald Eilenriede ein. Dort waren viele Leute unterwegs. Spaziergänger, Radfahrer, Familien mit Kindern und Hundebesitzer nutzten trotz der Kälte das sonnige Winterwetter, um frische Luft zu tanken.

Bei Louisas Rückkehr zur Tannenbaumverkaufsstelle waren nur noch vereinzelte Kunden auf Christbaumsuche. Der Trubel hatte sich offenbar auf den Weihnachtsmarkt verlegt, wo außer kunstvollem Adventsschmuck auch Glühwein und Schmackhaftes vom Grill angeboten wurden.

Louisa schlenderte die Reihen der aufgestellten Bäume entlang.

»Kann ich Ihnen helfen?«, fragte die Verkäuferin, worauf Louisa sie interessiert musterte. Die Steppjacke schien ihr etwas zu groß und schon bessere Tage erlebt zu haben. Unter der tief in die Stirn gezogenen Strickmütze blickte die Frau die Kundin fragend an. »Tanne oder Fichte?«

»Eine Nordmanntanne oder vielleicht eine Nobilis.«

»Von welcher Größe sprechen wir?«

Unentschlossen zuckte Louisa die schmalen Schultern. Sie streckte die Hand aus, um die Höhe anzudeuten, als ein Kind auf sie zugelaufen kam. Beim Anblick des Jungen wurde ihr warm ums Herz.

»Mama, ich bin fertig!«, rief er schon von weitem und blieb bei ihnen stehen. »Darf ich jetzt zu den Möllers?«

»Entschuldigen Sie bitte einen Moment«, wandte sich die Verkäuferin an Louisa, bevor sie ihren Sohn anschaute. »Hast du deine Hausaufgaben erledigt?«

Er nickte eifrig.

»Die Bilder habe ich auch in die Erdkundemappe geklebt. Außerdem habe ich abgewaschen und die Küche aufgeräumt.«

»Das sollst du doch nicht tun. Dafür bin ich zuständig.«

»Ich bin acht und benutze genauso viel Geschirr wie du. Aber ich habe mehr Zeit und arbeite nicht bis abends.«

»Du bist ein Kind, Tim, und sollst …«

»Du hast mal gesagt, wir sind Partner«, fiel er seiner Mutter ins Wort. »Die teilen sich die Arbeit.«

Liebevoll lächelnd schüttelte sie den Kopf und zog seine Mütze gerade, unter der ringsherum blonde Locken hervorlugten.

»Okay, Partner. Komm aber nicht auf die Idee, dich nach dem Klavierunterricht im Dunkeln allein auf den Heimweg zu machen. Ich hole dich ab.« Sie gab ihm einen Kuss auf die Wange. »Bis später.«

Tim nickte und lief davon.

»Ein reizender Junge«, sagte Louisa und blickte ihm wehmütig nach. »Sie können stolz auf ihn sein.«

»Das bin ich. Wäre Tim nicht so selbstständig und einfühlsam, würde ich das alles gar nicht schaffen.«

»Das klingt, als würden Sie ihn allein großziehen.«

Sekundenlang schlich sich ein trauriger Ausdruck in die Augen der Frau, aber sie bekam sich rasch wieder unter Kontrolle.

»Sein Vater war wohl überfordert und hat sich aus dem Staub gemacht, als er von meiner Schwangerschaft erfuhr.« Ihr Lächeln wirkte etwas gezwungen. »Wie groß soll Ihr Weihnachtsbaum ungefähr sein?«

Ratlos blickte Louisa sich um.

»Welche Größe stellen Sie sich in die Stube?«

»In unserer kleinen Souterrainwohnung haben wir leider nur Platz für ein Mini-Bäumchen, obwohl Tim sich insgeheim wenigstens einmal einen großen Christbaum wie bei seinen Freunden wünscht.« Sie seufzte leise. »Andererseits versteht er, dass es wichtigere Dinge gibt.« Fragend hob sie die Brauen. »Haben Sie sich schon entschieden oder möchten Sie sich erst noch ein wenig umsehen?«

»Nicht nötig.« Spontan änderte Louisa ihre ursprünglichen Pläne. »Ich bewohne ein großes Haus. Deshalb muss der Baum mindestens zwei Meter hoch sein.«

Es dauerte nicht lange, bis sie eine prächtige Nordmann-tanne ausgesucht hatte.

»Können Sie den Baum liefern?«

»Da bin ich überfragt. Ich mache diesen Job hier nur über-gangsweise.« Rasch zog sie ihr Handy aus der Tasche. »Mo-ment bitte, ich kläre das.«

Nachdem sie ihren Chef, den Tannenbaumhändler Bodo Schmitz, über den Kundenwunsch informiert hatte, gab sie das Telefon an Louisa weiter, die mit dem Mann über Liefer-bedingungen sprach und ihre Adresse angab.

»Wunderbar. Vielen Dank«, beendete sie das Gespräch. Sie ging zu der Verkäuferin hinüber und gab das Telefon zu-rück. »Herr Schmitz bringt mir den Baum morgen Vormittag. Ich soll ihn bei Lieferung bezahlen.«

»Prima. Dann klappt es also.«

»Dank Ihrer Hilfe, Frau …?«

»Amberg, Verena Amberg.«

»Freut mich. Ich bin Louisa Meywald. Schön, Sie kennen-gelernt zu haben. Passen Sie gut auf sich und Ihren Jungen auf.«

»Frohe Weihnachten«, rief Verena der eleganten Dame noch nach und widmete sich dem nächsten Kunden.

Den verlockenden Düften vom nahen Christkindlmarkt konnte Louisa nicht widerstehen. Sie aß eine Bratwurst im

Brötchen und trank einen Becher Glühwein dazu. Kurzentschlossen orderte sie anschließend einen Becher Kakao mit Schuss im Hannoccino-to-go-Gefäß und lief die kurze Strecke zum Weihnachtsbaumverkauf zurück. Dort drückte sie der verwunderten Verena den Mehrwegpfandbecher in die Hand.

»Der wärmt von innen«, sagte Louisa lächelnd und begab sich auf den Heimweg.

Später saß sie vor dem flackernden Kaminfeuer und blickte nachdenklich in die Flammen. Sie hatte heute zwei Menschen kennengelernt, von deren Existenz sie bis vor wenigen Wochen nichts gewusst hatte. Auf einer Benefizveranstaltung in der Stadthalle war sie zufällig Knud Schumann, einem Studienfreund ihres Sohnes, begegnet, der seit langem in Brasilien lebte und sich zum Familienbesuch in der alten Heimat aufhielt. Die beiden Wissenschaftler waren damals mit einer Forschungsgruppe im Auftrag eines Pharmazeutischen Instituts in den Amazonas-Dschungel aufgebrochen, um Biorohstoffe zu sammeln, aus denen man Medikamente gewinnen könnte. Dort kam Louisas Sohn Alexander durch den Biss einer Giftschlange ums Leben. Er wurde nur 36 Jahre alt. Schumann, inzwischen Professor an der Universität São Paulo, erzählte der Mutter seines verstorbenen Freundes von seinem Leben in Brasilien und seiner Familie.

Schließlich erkundigte er sich nach Louisas Enkel, was sie zunächst wunderte. Als er jedoch von einer Freundin ihres Sohnes berichtete, die kurz vor der Expedition von ihm schwanger wurde, konnte sie das kaum glauben. Alexander hatte vor seiner Abreise kein Wort darüber verloren. Vermutlich musste er die Neuigkeit selbst erst einmal verarbeiten.

Bis zu diesem Zeitpunkt hatte sich Louisa damit abgefunden, den Rest ihres Lebens allein zu verbringen. Nun wollte sie unbedingt herausfinden, wer diese Verena war und ob sie das Kind tatsächlich bekommen hatte. Immerhin war eine Abtreibung nicht abwegig, wenn man befürchtete, das Kind allein großziehen zu müssen.

Louisa besprach sich vor Wochen mit ihrem Rechtsanwalt und bat ihn, Nachforschungen anzustellen. Bald erfuhr sie Näheres: Verena Amberg hatte sieben Monate nach Alexanders Tod ein Kind zur Welt gebracht, einen Jungen, der Tim hieß und inzwischen acht Jahre alt war. Seine Mutter hatte bis vor einem halben Jahr in einem kleinen Steuerberaterbüro gearbeitet. Als ihr Chef aus Altersgründen verkaufen wollte, hätte sie die Kanzlei übernehmen können, aber ihr fehlte das nötige Kapital. In ihrem Beruf fand sie zunächst keine neue Anstellung. Das Arbeitslosengeld reichte hinten und vorn nicht. Verena zog mit ihrem Sohn in eine günstigere kleine Wohnung und hielt sich und Tim mit diversen Jobs über Wasser.

Lange hatte Louisa gezögert, ob sie Verena aufsuchen sollte. Da diese Frau sich womöglich von Alexander im Stich gelassen fühlte, war sie vermutlich nicht an einem Besuch seiner Mutter interessiert. Außerdem wollte Louisa keine alten Wunden aufreißen. Andererseits blieb ihr mit ihren 74 Jahren nicht mehr unendlich viel Zeit. Durch ihren Anwalt erfuhr sie von Verenas derzeitigem Job und beschloss, die junge Frau zunächst unverfänglich als Kundin aufzusuchen. Nun war Louisa unsagbar erleichtert, weil sie Verena nicht als verbitterte, sondern als sympathische, hilfsbereite Person kennengelernt hatte. Und Tim? Am liebsten hätte sie diesen wunderbaren Jungen sofort in die Arme geschlossen. Leider war das nicht so einfach. Sie musste behutsam vorgehen. Dennoch malte sie sich ein gemeinsames Familienleben in der Villa aus. So oft er wollte, könnte Tim auf dem Flügel üben und Verena könnte in der kleinen Einliegerwohnung eine Steuerkanzlei eröffnen. Insgeheim ermahnte sich Louisa, sich nicht in Träumen zu verlieren, sonst würde eine Enttäuschung doppelt schmerzen.

Verena saß am Bett ihres Sohnes. Wie an jedem Abend sprachen sie über ihren Tag.

»Wie war die Probe, Tim? Hat alles geklappt?«

»Inzwischen kann ich die Stücke für die Christmesse auswendig spielen«, erwiderte er mit strahlenden Augen. »Frau Möller hat gesagt, dass ich ihr bester Klavierschüler bin und Pianist werden könnte. Dann müsste ich aber jeden Tag üben.«

»Dafür bräuchtest du ein eigenes Instrument.« Es tat ihr weh, ihrem Sohn diesen Wunsch nicht erfüllen zu können. »Vielleicht finde ich im neuen Jahr wieder einen festen Job. Und wenn wir sparsam sind, reicht es irgendwann für ein Klavier.«

»Vielleicht«, wiederholte der Junge mit ernster Miene. »Wenn nicht, ist das auch nicht schlimm. Du sollst wegen mir nicht so viel arbeiten.« Aufmerksam schaute er seine Mutter an. »Heute war es ganz schön voll am Tannenbaumstand. Bist du sehr müde?«

»Geht so. Ich habe viele Bäume verkauft. Erinnerst du dich an den größten von allen? Der wird bei einer sehr netten älteren Dame zu einem herrlichen Christbaum erstrahlen.« Ein Lächeln huschte über ihr Gesicht. »Stell dir vor, sie war sogar so freundlich, mir einen Becher heißen Kakao zu bringen, der mich wärmen sollte.«

Zwei Tage später zog es Louisa am frühen Abend wieder zum Tannenbaumverkaufsstand, aber sie konnte Verena nicht entdecken. Ein älterer Mann war nun für den Verkauf zuständig. Enttäuscht wollte Louisa wieder gehen, doch dann fragte sie den Bärtigen nach seiner Kollegin und erfuhr von ihrem freien Nachmittag. Bei einem Becher Glühwein auf dem nahen Weihnachtsmarkt überlegte sie, ob sie Verena zu Hause aufsuchen sollte. Die Adresse kannte sie von ihrem Anwalt. Wenn sie an den Feiertagen ihren Enkel kennenlernen wollte, musste sie bald handeln. Mit gemischten Gefühlen bestieg sie an der Straßenecke ein Taxi. Eine Viertelstunde später stand sie vor dem schlichten Mehrfamilienhaus in Vahrenwald. Der Eingang zur Souterrainwohnung lag rechts neben der Haustür. Louisa atmete tief durch und klingelte.

»Entschuldigen Sie bitte die Störung, Frau Amberg«, sagte sie, als Verena öffnete. »Ich möchte gern etwas mit Ihnen besprechen.«

Verena zog verwundert die Brauen hoch, trat aber beiseite und ließ Louisa eintreten. In der kleinen Wohnstube bot sie ihr Platz an uns setzte sich ihr gegenüber.

»Was kann ich für Sie tun? Stimmt etwas mit dem Baum nicht?«

»Der ist wunderschön«, verneinte sie. »Es geht um … Tims Vater. Sie sagten, er hätte sich damals aus dem Staub gemacht. Ich möchte das gern richtigstellen.«

»Woher …« Verena war sichtlich verwirrt. »Sie kennen Alexander Forster?«

»Alex war mein Sohn«, erklärte Louisa, bevor sie von den Umständen seines Todes sprach – und auf welche Weise sie kürzlich von Verena und Tim erfahren hatte.

Fassungslos hörte Verena zu.

»Und warum haben Sie mir vorgestern einen falschen Namen genannt? Wollten sie erst mal testen, ob ich Ihren Vorstellungen entspreche?«

»Das wollte ich keineswegs. Ich heiße Meywald, weil ich einige Jahre nach dem Tod meines ersten Mannes noch einmal geheiratet habe. Alex war zu diesem Zeitpunkt schon erwachsen.«

Verstehend nickte Verena.

»Was wollen Sie denn nun von mir?«

»Ich würde gern etwas für Sie tun. Und natürlich für Tim. Der Junge spielt doch Klavier. Er könnte …«

»Halt«, wurde sie von Verena unterbrochen. »Das können Sie vergessen. Wir brauchen keine Almosen. Tim und ich kommen gut allein zurecht.«

»Daran zweifle ich nicht.« Bedauernd schüttelte Louisa den Kopf. »Entschuldigen Sie. Anscheinend habe ich mich ungeschickt ausgedrückt. Mein größter Wunsch ist, Sie und Tim besser kennenzulernen. Wenn Sie keine anderen Verpflichtungen haben, möchte ich Sie gern einladen, mit mir zusammen Weihnachten zu feiern.«

»Tut mir leid, das geht nicht«, lehnte Verena ab. »Wir haben schon Pläne für die Feiertage.«

»Schade.« Louisa ließ sich ihre Enttäuschung nicht anmerken. Sie nahm eine Visitenkarte aus der Handtasche und legte sie auf den Tisch. »Falls Sie es sich anders überlegen sollten, können Sie mich jederzeit anrufen.« Schwerfällig erhob sie sich. »Ich finde allein raus.«

In der kleinen Diele sah sie ihren Enkel neben einer Tür stehen. Stumm musterte das Kind sie. Nach kurzem Zögern verlieβ Louisa die Wohnung und zog leise die Tür hinter sich zu. Vor dem Haus holte sie ihr Telefon hervor und rief sich ein Taxi. Während sie auf den Wagen wartete, lehnte sie sich gegen die Straßenlaterne. Offenbar hatte sie das völlig falsch angefangen, warf sie sich vor, wobei sich ihre Augen mit Tränen füllten. Von dem heimlichen Beobachter ahnte sie nichts.

Tim lief im Schlafanzug in die Wohnstube und setzte sich zu seiner Mutter. »Wer war die Frau?«

»Ach, das war … die Kundin mit der großen Tanne.«

»Die nette Frau, die dir Kakao gebracht hat?«

»Mmm …«

»Was wollte sie von dir?«

»Das verstehst du nicht.«

»Dann erklär es mir.«

»Das ist nicht so einfach«, sagte Verena mit einem Seufzer. »Sie kannte deinen Vater.«

»Echt?«, fragte der Junge gespannt. »Hat sie gesagt, wo er ist?«

»Nein. Ja. Er ist leider gestorben, bevor du geboren wurdest.«

Ungläubig verzog er das Gesicht.

»Du hast mir doch erzählt, er ist einfach abgehauen.«

»Das war meine Vermutung, weil er sich nie wieder gemeldet hat.«

»Und woher weiß die Frau das?«

»Sie ist … seine Mutter.«

Seine Augen weiteten sich. Schnell wurde ihm klar, was das bedeutete.

»Dann ist sie meine Oma?«

Vage zuckte Verena die Schultern.

»Scheint so.«

»Cool!« Tim strahlte, wurde jedoch schlagartig ernst. »Warum war sie so traurig? Mag sie keine Kinder?«

»Doch … schon.«

»Wieso hat sie dann geweint, als sie draußen auf das Taxi gewartet hat?«

»Hat sie das?«, fragte Verena schuldbewusst. »Bist du sicher?«

»Ich hab genau gesehen, wie sich mit einem Taschentuch über die Augen gewischt hat.«

»Das tut mir leid. Ich hätte ihr nicht unterstellen dürfen …« Tim löcherte seine Mutter so lange, bis sie ihm alles erzählte.

»Wir haben doch gar keine Pläne für Weihnachten«, stellte er anschließend fest. »Nur für Heiligabend, wenn ich in der Kirche spiele. Danach können wir meine Großmutter besuchen.«

»Ich werde darüber nachdenken«, versprach seine Mutter. »Jetzt ab ins Bett mit dir.«

Als Tims Klavierspiel an diesem Heiligabend die Kirche erfüllte, gab es kaum eine Mutter, die stolzer auf ihr Kind war. Während Verena seiner Musik lauschte, bedauerte sie, Louisa Meywald nicht dazu eingeladen zu haben. Zunächst hatte sie befürchtet, diese Frau könne sich bei näherem Kontakt womöglich in ihre Erziehung einmischen, Tim beeinflussen oder ihm falsche Werte vermitteln. Verena hatte sich im Internet über die alte Dame informiert und erfahren, wie vermögend sie war. Ihr 2. Mann war Zahnarzt mit einer gutgehenden Praxis gewesen. Das Haus, in dem seine Witwe lebte, war sein Elternhaus. Louisa engagierte sich seit Jahren ehrenamtlich für benachteiligte Kinder, sammelte Spenden und organisierte Benefizveranstaltungen.

Konnte ein Mensch, der so viel für andere tat, egoistisch sein? Immerhin hatte Verena sie als aufrichtig kennengelernt. Außerdem handelte es sich bei ihr um Tims Großmutter und noch dazu um die einzige noch lebende Verwandte. Verenas Eltern starben bei einem Autounfall als Tim noch kein Jahr alt war. Wie jede Mutter liebte sie ihren Sohn. Der Junge war alles, was sie hatte. Musste sie ihm nicht die Chance geben, seine Großmutter kennenzulernen?

Nach dem Gottesdienst lud das Pastorenehepaar Möller einige Freunde zum Kaffee ein. Verena und Tim waren auch unter den Gästen.

Louisa saß am späten Nachmittag bei Tee und Gebäck in einem Sessel vor dem Kamin, ein Buch auf den Knien. Es fiel ihr schwer, sich auf ihre Lektüre zu konzentrieren, aber ihr war bewusst, wie sehr sie die Ablenkung brauchte. Sie durfte nicht ständig über ihren Kummer nachdenken.

Leider hatte sich Verena nicht bei ihr gemeldet. Offenbar legte sie keinen Wert auf Kontakt mit der Mutter des Mannes, der – wenn auch unfreiwillig – nicht zu ihr zurückgekehrt war. Sie war eine starke Frau, die ihr Kind allein großzog, die zu stolz war, Hilfe anzunehmen. Das musste Louisa respektieren, so schwer ihr das auch fiel. Trotzdem war sie unbemerkt in der Kirche gewesen, um ihren Enkel spielen zu hören.

Als es läutete, war sie in Versuchung, es zu ignorieren. Wahrscheinlich wollte ihr die Nachbarin frohe Weihnachten wünschen. Auf Gesellschaft legte Louisa in ihrer Verfassung keinen Wert. Erst als es abermals und anhaltend klingelte, erhob sie sich mit einem Seufzer.

Leicht verärgert öffnete sie die schwere Eichentür – und hob ungläubig die Brauen. Draußen standen Verena und Tim. Stumm schauten sie einander an.

»Fröhliche Weihnachten – Großmutter«, brach der Junge schließlich das Schweigen. »Dürfen wir reinkommen?«

Gerührt beschrieb Louisa eine einladende Geste und ließ sie eintreten. »Herzlich willkommen. Ich freue mich sehr über euren Besuch.«

In der Wohnhalle bewunderte Tim die große, wunderschön geschmückte Tanne neben der Treppe. Darunter lagen bunte Päckchen.

Im Wohnzimmer knisterte im Kamin ein Feuer und in der Nähe des raumhohen Fensters stand ein schwarzer Flügel, den der Junge ehrfürchtig bestaunte.

»Wow!«, war alles, was er hervorbrachte. Unsicher schaute er seine Großmutter an. »Darf ich mal darauf spielen?«

»Jederzeit. Ich war heute in der Kirche. Dein Spiel war wunderschön. Wenn du magst, kannst du den Flügel sofort ausprobieren. Inzwischen unterhalte ich mich nebenan mit deiner Mama.«

Da seine Mutter ihm aufmunternd zunickte, setzte er sich an das Instrument, klappte es auf und begann zu spielen: Leise rieselt der Schnee …

Louisa und Verena führten unterdessen ein ernstes Gespräch und wurden sich bald einig, es Tim zuliebe miteinander zu versuchen.

So wurde es für drei Generationen in der alten Villa ein wundervolles Weihnachtsfest, dem noch viele gemeinsame Stunden folgen sollten.

Kekse

Bettina Reimann

Er roch es, gleich nachdem er die Tür des Hauses aufgehebelt hatte. Hier hatte doch jemand Kekse gebacken!

Man sollte keinen Einbruch begehen, wenn man Hunger hat, dachte er. Leise schlich er durch die Küche, deren Außentür jetzt offen stand. Das Licht der Taschenlampe fiel auf ein großes Blech mit Keksen. Es roch nach Zimt und wunderbar süß.

Er konnte ja mal einen probieren. Ein zweiter ging auch noch. Das Haus im stillen Dörfchen Hainhaus hatten seine Freunde ausgespät. Er wusste genau, wohin er jetzt gehen musste. Die Besitzer waren nicht daheim, das hatten seine Kumpels herausgefunden und warteten vor dem Langenhagener Theatersaal, in dem die Hausbewohner eine Kabarettveranstaltung besuchten, um ihn gegebenenfalls zu warnen. Die Leute waren einfach zu naiv. Ließen fremde Männer in ihre Villa, nur weil sie Namensschilder mit dem Logo eines Stromanbieters um den Hals trugen und angeblich etwas am Stromzähler kontrollieren mussten. Und wenn sie dann noch Theaterkarten auf der Flurkommode liegen hatten - Volltreffer! Das war ja fast eine Einladung zum Einbruch!

Im Wohnzimmerschrank, linke Tür, untere Schublade, da waren sie, die Werte, auf die er es abgesehen hatte, war er von den Gaunerkollegen informiert. Einer seiner Kumpanen hatte es geschafft, allein im Wohnzimmer des Hauses zurückzubleiben, während der andere angeblich den Stromzähler ablas. Die Leute waren wirklich zu vertrauensselig. Er lachte auf dem Weg in das Wohnzimmer. Und drehte plötzlich um, denn er wollte auf jeden Fall noch so einen Keks. Mann, waren die lecker.

Er stopfte die Kekse gierig in sich rein und konnte schon bald ein glückliches Lachen nicht mehr unterdrücken. Auch kam ihm das Haus jetzt gar nicht mehr so dunkel und leer vor, es schien sogar zu leuchten. Und der Himmel da draußen, in der kalten Nacht, er strahlte auf einmal - alle Sterne schienen zu leuchten und ihn anzuziehen.

Ohne nachzudenken verließ er das Haus wieder, er wollte diesen Sternen nah sein. Er ging immer weiter, hinaus ins freie Feld, bis er an der Wietze angekommen war. Die Sterne am anderen Ufer strahlten so herrlich! Und das Mondlicht auf dem Wasser, es schimmerte! Er stellte die Tasche mit dem Einbruchswerkzeug auf dem schmalen Geländer ab und verweilte auf der Brücke über den schmalen Fluss. Dann setzte er sich auf eine Bank ganz in der Nähe, immer noch lachend, ganz allein in frostiger klarer Luft. Die Tasche kippte unbeachtet ins Wasser und wurde fortgetragen.

Als die Hausbesitzer heim kamen, merkten sie gleich, dass etwas nicht stimmt. Der kalte Luftzug aus der Küche ...
Den Beamten des Polizeikommissariates sagten sie später, es

fehle nichts. Das stimmte ja auch - und von den frisch gebackenen Haschkeksen mussten die Freunde und Helfer wirklich nichts wissen. Die Spur des Einbrechers endete an der Straße - da war nichts zu machen. Er konnte überall sein.

Der Einbrecher konnte das Handyklingeln nicht hören - längst war es in der fast leeren Tasche stromabwärts getragen worden. Seine Freunde fuhren noch ein paar Mal die Gegend ab, um ihn zu finden und verließen den Ort vor dem Morgengrauen. Besser die Biege machen - vielleicht war er ertappt worden und saß längst auf dem Kommissariat.

Doch er saß am Fluss. Lachend. Glücklich.

Schließlich schlief er ein - auf der einsamen Bank am Wietzeufer in eisiger Nacht. Seine letzten Gedanken galten den Sternen, die in dieser Nacht so viel schöner geleuchtet hatten als je zuvor.

Ein erfrorener Mann auf einer Parkbank, nur eine kleine Meldung wert in einer Zeit, in der es in jedem Winter Obdachlose erwischte. Was hatte er da draußen gewollt, ganz allein? Die Leute fragten sich kurz - und vergaßen den Zwischenfall.

Wieder jemand, der nicht vermisst wurde - ohne Ausweis und viel zu dünn angezogen, um draußen zu übernachten.

Traurig.

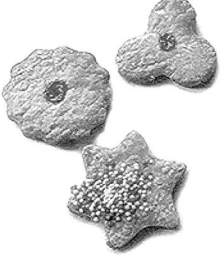

Ave Maria

Claudia Rimkus

Der Advent stand vor der Tür, als ihre Schwester tödlich verunglückte. Trotz des Schocks riss sich Katharina zusammen und dachte an das Nächstliegende: an ihren Neffen Benjamin. Sie holte den Jungen aus dem Hort in Langenhagen ab und nahm ihn mit in ihre Wohnung. Behutsam brachte sie ihm dort die schreckliche Nachricht bei.

Zwei Tage später brachte sie das Kind abends im Gästezimmer zu Bett. Behutsam deckte sie den Jungen zu und setzte sich auf die Bettkante.

»Soll ich dir noch eine Geschichte vorlesen, Benny?«

Wortlos schüttelte der Achtjährige den Kopf.

»Möchtest du noch ein bisschen Musik hören?«

Wieder nur ein Kopfschütteln.

»Ach, Benny ...« Liebevoll strich sie ihm übers Haar. »Du denkst an deine Mami ... Genau wie ich. – Wir alle vermissen sie. Trotzdem müssen wir jetzt versuchen, stark zu sein – so schwer das auch ist.«

Aus traurigen Augen schaute der Junge sie stumm an. Seit er vom Unfalltod seiner Mutter erfahren hatte, sprach er nicht mehr. Es schien, als fehlten ihm die Worte, seine Trauer und seinen Schmerz auszudrücken.

»Gute Nacht, mein Junge«, sagte Katharina und hauchte einen Kuss auf seine Stirn. »Ich bin nebenan, falls du mich brauchst. Okay?«

Noch einmal nickte er, drückte seinen Teddy fester an sich und schloss die Augen. Ohne die kleine Lampe am Bett zu löschen, verließ seine Tante den Raum. Die Tür ließ sie einen spaltbreit offen.

Katharina war erleichtert, als sich ihr Freund Tobias telefonisch ankündigte. Auch sie brauchte nun jemanden, der ihr beistand. Sie hatten sich auf einer Vernissage kennengelernt und waren seit drei Monaten ein Paar. Obwohl es für beide nicht die große Liebe war, verbrachten sie oft die Abende miteinander, gingen zusammen ins Kino oder zum Tanzen und teilten leidenschaftliche Nächte.

Flüchtig küsste sie Tobias bei seinem Eintreffen auf die Wange und führte ihn ins Wohnzimmer. Auf dem Tisch flackerte die erste Kerze auf dem Adventskranz; im Fenster hing ein warm leuchtender Herrnhuter Stern.

»Ich dachte, wir gehen noch irgendwo was trinken«, sagte Tobias und ließ sich auf dem Sofa nieder. »Der Kleine schläft doch sicher schon.«

»Benny ist gerade erst eingeschlafen«, erwiderte sie und nahm neben ihm Platz. »Wie könnte ich ihn jetzt alleinlassen? Der Junge durchlebt die Hölle, spricht nicht mehr. Sogar seine geliebte Musik will er nicht mehr hören.« Ein leises Stöhnen löste sich von ihren Lippen. »Seine Bindung an Susanna war besonders eng, weil sie ihn allein großziehen musste. Er steht immer noch unter Schock. Es wird sicher dauern, bis er das alles verarbeitet hat.«

»Wann ist denn die Trauerfeier?«

»Übermorgen. – Die Urnenbeisetzung ist eine Woche später.« Ihr Blick suchte seine Augen. »Du kommst doch mit auf den Friedhof?«

Abwehrend hob er die Hände.

»Nimm es mir nicht übel, aber solche Veranstaltungen sind nichts für mich – außerdem habe ich deine Schwester kaum gekannt.«

Katharina ließ sich ihre Enttäuschung nicht anmerken. Im Grunde hatte sie geahnt, wie er reagieren würde.

Gedankenverloren nahm sie ihre Teetasse vom Tisch und nippte daran.

»Nun sei nicht sauer«, bat Tobias. »Erzähl mir lieber, wie es mit dem Jungen nach der Beerdigung weitergeht. Hat sich das Jugendamt schon bei dir gemeldet?«

»Auch darüber wollte ich mit dir reden. Ich werde die Pflegschaft für Benny zu beantragen.«

Unwillkürlich rückte er von ihr ab.

»Das ist nicht dein Ernst, Kathi!« Das Entsetzen stand ihm deutlich ins Gesicht geschrieben. »Kein Mensch kann von dir verlangen ...«

»Das tut auch niemand«, fiel sie ihm ins Wort. »Benny ist mein Neffe! Außer mir hat er niemanden! Denkst du, ich würde ihn im Stich lassen? Er braucht mich!«

»Wo ist denn sein Vater? Kann der sich nicht um ihn kümmern? Der wird doch irgendwo aufzutreiben sein.«

»Bennys Erzeuger war ein Austauschstudent aus Schweden. Bevor Susanna überhaupt von der Schwangerschaft wusste, war er schon wieder zu Hause. Such du mal in Schweden nach einem Lars Petersen. Diesen Namen gibt es dort wie Sand am Meer.«

»Dann muss sich eben das Jugendamt nach einer Pflegefamilie umsehen«, entschied er. »Oder willst du etwa deine Karriere für ein fremdes Kind opfern?« Er beschrieb eine allumfassende Geste. »Schau dich doch mal um. Du hast alles, was man sich wünschen kann: eine tolle Wohnung, einen schicken Wagen und einen guten Job. Du kannst reisen, wohin du willst und ...«

»Hör auf«, unterbrach Katharina ihn noch einmal. »Vorhin habe ich mit meinem Chef gesprochen. Wenn Benny in der Schule ist, arbeite ich in der Firma – und den Rest des Tages im Homeoffice.«

»Anscheinend willst du das wirklich durchziehen.« Sichtlich verärgert sprang er auf. »Ohne mich! Du weißt genau, wie ich dazu stehe! Mit Kindern kann ich nichts anfangen! Ich will mein Leben genießen! Ohne Klotz am Bein! Wenn er bleibt, bin ich weg!«

»Es hätte mich auch gewundert, wenn du einmal Verantwortung übernehmen würdest.« Äußerlich gelassen stand sie ebenfalls auf. »Meine Freundinnen hatten recht: Du bist ein unreifer Egoist. Es ist besser, du gehst jetzt.«

Sekundenlang starrte er sie aus zusammengekniffenen Augen an.

»Ist das dein letztes Wort?«

Als sie nur die Arme vor der Brust verschränkte, verließ er ohne ein weiteres Wort die Wohnung.

Mit einem Seufzer sank Katharina auf das Sofa. Im Grunde hatte sie sich keine Illusionen gemacht: Diese Beziehung würde nie für ein gemeinsames Leben ausreichen. Nun verspürte sie nicht einmal Bedauern über das Ende.

Viel wichtiger war es, Benjamin über seinen Verlust hinwegzuhelfen. Es tat ihr weh, dieses einst so fröhliche Kind derart leiden zu sehen. Der Junge war völlig apathisch geworden, nichts interessierte ihn mehr. Weder seine Bücher noch die Musik oder die Proben im Knabenchor, in dem er seit anderthalb Jahren begeistert sang. Alles, was ihm vor dem Tod seiner Mutter Freude bereitet hatte, war ihm gleichgültig geworden. Er sprach nicht und aß kaum etwas. Katharina schwor sich, alles zu tun, um ihrem Neffen aus diesem schwarzen Loch herauszuhelfen. Er brauchte ein stabiles und verlässliches Umfeld. Irgendwann würde er hoffentlich wieder Freude am Leben empfinden.

Benjamin war bis auf Weiteres von der Schule befreit. Um ihn von seinem Kummer abzulenken, besuchte seine Tante mit ihm am Vormittag den Erlebnis-Zoo Hannover. Obwohl der Junge Tiere liebte, lief er teilnahmslos neben Katharina her. Sogar die lustigen Erdmännchen, denen er sonst immer stundenlang zuschauen wollte, ignorierte er.

Später kochte Katharina Spaghetti mit seiner Lieblingssoße, aber das Kind stocherte nur lustlos auf seinem Teller herum.

So räumte sie bald den Tisch ab und legte einen Block und Stifte in Benjamins Reichweite.

Während sie scheinbar geschäftig die Geschirrspülmaschine füllte, beobachtete sie, wie der Junge nach kurzem Zögern anfing zu malen.

Zuerst hielt sie das für ein gutes Zeichen – bis sie sah, welch düsteres Bild auf dem Blatt entstand. Mit dem schwarzen Wachsstift malte Benjamin einen Wald. Zwischen den kahlen Bäumen stand ein Kind – einsam und allein. Betroffen schaute Katharina ihren Neffen an. Sein Blick war auf das Bild gerichtet, wobei ihm Tränen über die Wangen rollten.

Voller Mitgefühl setzte sich seine Tante neben ihn auf die Küchenbank und schloss ihn in die Arme.

»Hab keine Angst, Benny. Du bist nicht allein. Egal, was passiert, ich bin immer für dich da.«

Eine Weile hielt sie ihn an sich gedrückt. Sie wollte ihn so gern trösten, wusste aber nicht, wie. Auch für sie war diese Situation nicht einfach. Sie hatte ihre Schwester geliebt. Nach dem Tod ihrer Eltern waren sie noch enger zusammengewachsen, hatten einander Halt gegeben. Und nun war Susanna fort. Unerreichbar geworden. Sie war doch noch so jung. Viel zu jung zum Sterben. Noch nicht einmal dreißig.

Trotz ihrer eigenen Trauer durfte sich Katharina nicht gehenlassen. Für Benny musste sie stark sein. Sie musste ihm Liebe und Geborgenheit schenken. Heilen konnte nur die Zeit.

Schließlich löste Katharina sich von ihrem Neffen und schaute ihm in die Augen. »Hast du schon darüber nachgedacht, wie es nun weitergehen soll?«, begann sie behutsam. »Kannst du dir vorzustellen, für immer hier bei mir zu bleiben? Natürlich müssten wir uns erst aneinander gewöhnen, aber ich fände es schön, eine kleine Familie zu sein. Was meinst du dazu, Benny? Würdest du es mit mir aushalten?«

Die Erleichterung stand dem Jungen deutlich ins Gesicht geschrieben, während er heftig nickte. Im nächsten Moment fiel er seiner Tante um den Hals. Er drückte sie so fest an sich, als wolle er sie nie wieder loslassen.

Nachdem Katharina ihn am Abend zu Bett gebracht hatte, stand Benjamin leise wieder auf. Auf Zehenspitzen schlich er zu einer Kommode und nahm ein Bündel Noten heraus. Er musste nicht lange suchen, bis er das Blatt mit dem Lied gefunden hatte, das er vor etwas mehr als einem Jahr beim letzten Weihnachtsgottesdienst in der Kirche gesungen hatte.

Vorbei an künstlerisch gestalteten Grabdenkmälern ehemaliger Langenhägener Bauernfamilien führte Katharina ihren Neffen über den Friedhof, zeigte ihm den Platz, an dem seine Mutter ihre letzte Ruhestätte bekommen sollte.

Die kleine Kapelle am Friedhof in der Karl-Kellner-Straße war fast bis auf den letzten Platz besetzt mit Trauergästen. Die Verstorbene hatte als Physiotherapeutin gearbeitet und sich großer Beliebtheit unter ihren Patienten erfreut. Viele waren gekommen, um von ihr Abschied zu nehmen.

Katharina und Benjamin saßen in der ersten Bankreihe. Der Blick des Kindes hing am blumengeschmückten Sarg, in dem seine geliebte Mutter lag. Unzählige brennende Teelichter standen davor auf dem gefliesten Boden. Dazwischen waren weiße Rosenblütenblätter gestreut, die wie ein weicher Teppich wirkten. Aus unsichtbaren Lautsprechern erklang der Song: Morning has broken …

Als der Pastor vortrat, tastete Benjamin nach der Hand seiner Tante. Während der Predigt hielt er sie fest umschlossen. Kaum war das letzte Gebet gesprochen, zog Benjamin seine Hand zurück und stand auf. Ehe Katharina reagieren konnte, ging der Junge nach vorn.

Neben dem Sarg seiner Mutter blieb er stehen.

Benjamin holte noch einmal tief Luft, bevor er zu singen begann: »Ave Maria …«

Der Junge sang mit glockenklarer Stimme, die, getragen von der Akustik, die kleine Kapelle erfüllte. So mancher Trauergast verspürte einen leichten Schauer; Taschentücher wurden hervorgezogen.

Auch Katharina stiegen Tränen der Rührung in die Augen. Nachdem Benjamin tagelang stumm geblieben war, hatte sie schon darüber nachgedacht, einen Psychologen mit ihm aufzusuchen. Nun hoffte sie, durch den Gesang sei der Damm gebrochen und das Kind würde wieder sprechen.

Einen Moment lang blieb Benjamin noch stehen, wobei er zögernd die Hand ausstreckte und mit den Fingerspitzen über den Sarg strich. Nach dieser abschiednehmenden Geste ging er zu seiner Tante zurück, die aufstand und ihn in die Arme nahm.

»Es ist schön, dass du noch mal für deine Mami gesungen hast«, flüsterte sie an seinem Ohr. »Sie wäre stolz auf dich.«

»Glaubst du, Mami hat mich gehört?«

»Ganz bestimmt«, erwiderte Katharina mit einem kleinen Lächeln und zog ihn wieder neben sich auf die Bank. »Sie ist immer bei dir, auch wenn du sie nicht sehen kannst.«

Mit großem Ernst nickte das Kind.

»Ist Mami jetzt ein Engel?«

»Ein wunderschöner Engel, der immer auf dich aufpasst und dich beschützt. Du musst nur ganz fest daran glauben.«

»Kann ich auch mit ihr sprechen?«

»Du kannst ihr alles erzählen, Benny. Wenn du zum Beispiel traurig bist oder wenn du etwas Schönes erlebt hast. Sie wird dir zuhören. Und wenn du Fragen hast oder mal nicht mehr weiter weißt, wirst du ihre Antwort in deinem Herzen finden.«

»Cool«, erwiderte er und stand auf, als die anderen Trauergäste die Kapelle verließen. »Mami passt vom Himmel auf mich auf und du hier. Ich bin echt froh, dass ich nicht ins Heim muss.«

Plötzlich verstand Katharina, was den Jungen tagelang zusätzlich gequält hatte.

»Wer hat behauptet, dass du in ein Heim musst?«

»Im Fernsehen haben sie mal gesagt, Kinder, die keine Eltern mehr haben, kommen ins Heim«, erklärte der Junge. »Die haben gezeigt, wie es da ist. Das war nicht schön. Da haben sich die Kinder ganz oft gestritten und sogar geprügelt. Ich hatte solche Angst, dass ich da auch hin muss.«

»Das würde ich niemals zulassen – versprochen.« Sie erhob sich und legte den Arm um seine Schultern. »Wir beide müssen jetzt zusammenhalten. Komm, lass uns nach Hause fahren.«

An den Bankreihen vorbei gingen sie zum Ausgang der Kapelle. Dort drehte sich Benjamin noch einmal um. Verstohlen winkte er kurz zum Sarg seiner Mutter, bevor er seine Hand in die seiner Tante schob.

Brief an den Nikolaus

Claudia
Rimkus

Eine alte Frau in Hannover
saß einsam auf ihrem Sofa.
Um die Finanzen war's schlecht bestellt,
sie hatte einfach zu wenig Geld.

Trotz jahrelanger Schufterei,
kam leider nicht viel raus dabei.
Die Rente reichte nicht vorn und nicht hinten,
weder für Marzipan noch für Aachener Printen.

Altersarmut dürft's nicht geben
nach einem langen Arbeitsleben.
Doch davor war niemand gefeit
in dieser wohlstandsreichen Zeit.

Statt erwartungsfroher, heiterer Stunden
hat die Frau nur Traurigkeit empfunden.
Apfel, Nuss und Mandelkerne
lagen für sie in weiter Ferne.

Tannengrün und Kerzenlicht
gab es in ihrem Leben nicht.
So träumte sie von all den Sachen,
die das Christfest schöner machen.

Einmal zum Discounter gehen
und vor den Regalen stehen,
kaufen, was das Herz begehrt
all das, was sie lang entbehrt.

In der Schlange an der Kasse tratschen,
mit vollen Taschen heimwärts latschen.
Sie wünschte sich einen grünen Schein,
so ein Hunderter wär fein.

Einmal ohne Sorgen shoppen,
ach, das wäre nicht zu toppen,
Sie begann zu überlegen,
woher bekam man diesen Segen?

Vom Christkind oder Weihnachtsmann?
Ob einer von denen helfen kann?
Sie entschied sich für den Nikolaus.
Der käme doch schon bald ins Haus.

Wie gewohnt, nach alter Sitte
versandte sie per Brief die Bitte
um den ersehnten grünen Schein.
Mehr als einer sollt's nicht sein.

Das Schreiben sie später zum Kasten brachte,
von wo es sich auf die Reise machte.
Auf dem Umschlag stand: An den Nikolaus,
das löste im Postamt Verwunderung aus.

Wichtig waren Empfängeradressen,
das wurde leider total vergessen.
Ein Beamter öffnete den Brief gespannt,
ob ein Grund für das Schriftstück wurde genannt.

Gerührt las er die Zeilen der armen Frau,
die beschrieb ihre Sorgen sehr genau.
Der Postmann überlegte sodann,
wie man ihr schnellstmöglich helfen kann.

Eine Spendensammlung sollte es sein,
dafür weihte er einen Kollegen ein.
Der Mann war ganz und gar nicht dumm,
als Briefzusteller kam er rum.

Er sammelte auf der täglichen Runde
und machte sogar eine Überstunde.
Am Ende seiner Zustellungstour,
er tagein, tagaus zum Finanzamt fuhr.

Beim Pförtner lieferte er Briefe ab,
der ihm wie immer einen Kaffee gab.
Der Postler erzählte von der Spendenaktion,
siebzig Euro hatte er schon.

Da klappte der Pförtner die Geldbörse auf
und legte noch mal zehn Euro drauf.
Und er bot an, die netten Spenden
in einem schönen Umschlag zu versenden.

Zwei Tage später traf der Brief ein
bei dem armen, alten Mütterlein.
Die Frau war gerührt, es war kaum zu fassen,
auf Nikolaus konnte man sich wirklich verlassen.

Doch dabei sollte es nicht bleiben,
sie musste ihm noch einmal schreiben.
Lieber Nikolaus, guter Mann,
heute kam dein Präsent bei mir an.

Für die Moneten dank ich dir sehr,
obwohl ich hoffte, es wär etwas mehr.
Solltest du im nächsten Jahr daran denken
mir wieder einen Geldbetrag zu schenken,

bitte ich dich mit flehenden Blicken,
die Scheine nicht übers Finanzamt zu schicken.
Denn die Gauner, die das Geld verwalten,
haben von den 100 Euro 20 einbehalten.

Dein Freund und Helfer

Claudia Rimkus

Seit die sechs munteren Senioren das unaufgeregte Dasein in der hannoverschen Residenz Eichengrund gegen das spannende Leben in der hannoverschen Villa eingetauscht hatten, trafen sie sich morgens in der Küche zum Frühstück. Eine Komposition aus Tannen- und Kaffeeduft hing in der Luft und auf dem Tisch flackerte eine dicke rote Adventskerze. »Santa Claus Is Coming To Town« erklang es aus dem Radio. Während Anneliese dem General eine Ladung Koffein nachschenkte, läutete das Festnetztelefon.

Elisabeth nahm das Mobilteil von der Anrichte.

»Hallo?«

»Kripo Hannover …«

»Da bin ich nicht zuständig«, fiel sie dem Anrufer ins Wort und reichte das Gerät an Charlotte weiter. »Für dich.«

Die Freundin hob zunächst die Brauen, dann das Telefon ans Ohr.

»Stern, hallo!?«

»Kripo Hannover, Polizeikommissar Winter. Guten Morgen, Frau Stern. Bitte nicht erschrecken. Es ist nichts Schlimmes passiert. Noch nicht.«

53

»Wie beruhigend.« Wollte sie jemand veralbern? Im Aufstehen warf sie einen Blick aufs Display. Angezeigt wurde die Rufnummer 110. Sofort schrillten sämtliche Alarmglocken in ihrem Kopf. Spontan schaltete sie das Telefon auf Lautsprecher und gab ihren Mitbewohnern ein Zeichen, still zu sein.

»Was meinen Sie damit, dass noch nichts Schlimmes passiert ist?«

»Leider habe ich keine guten Nachrichten. In Ihrer Umgebung ist eine Diebesbande auf Beutezug. Es ist uns gelungen, einen der Täter auf frischer Tat zu erwischen, seine Komplizen sind leider entkommen. Der Verhaftete hatte ein Notizbuch bei sich, in dem auch Ihre Adresse steht. Möglicherweise ist Ihr Haus das nächste auf der Einbruchsliste.«

»Das ist ja furchtbar«, erwiderte Charlotte scheinbar erschrocken, wobei sie Blickkontakt zu ihren Freunden hielt. »Was sollen wir denn jetzt tun?«

»Geld und Wertsachen sind bei Ihnen im Haus derzeit stark gefährdet. Deshalb sollte das alles schnellstmöglich in Sicherheit gebracht werden.«

»Halten Sie das wirklich für nötig?«

»Absolut. Sie dürfen die polizeiliche Aktion auf keinen Fall behindern«, warnte der Anrufer eindringlich. »Packen Sie sämtliche Wertsachen wie Schmuck und Geld zusammen und stellen alles in einer Tasche vor die Tür. Ein Kollege in Zivil wird die Sachen abholen. Wir werden Ihr Eigentum so lange verwahren, bis die Gefahr vorüber ist.«

»Wenn das sein muss, machen wir das natürlich.« Sekundenlang überlegte sie.

»Wir haben ein großes Tor zur Straße. Wahrscheinlich ist es zu gefährlich, die Wertsachen einfach dorthin zu stellen.

Da könnte sie ja jeder mitnehmen. Ihr Kollege kann doch bei uns an der Tür klingeln.«

»Das geht nicht. Falls die Einbrecher das Haus beobachten, werden sie misstrauisch. Die wittern die Polizei meist schon von weitem.«

»Er kann doch im Weihnachtsmannkostüm kommen«, fiel Charlotte eine Lösung ein. »Das fällt jetzt im Dezember nicht auf. Außerdem sollte er einen Kollegen mitbringen. Wir sind hier sechs Senioren, der Älteste ist über 80. Wir alle wollen schließlich unsere Wertsachen in Sicherheit wissen.«

»Ein guter Vorsatz«, lobte der angebliche Kommissar. »Dann kommen die Weihnachtsmänner in einer Stunde zu Ihnen.«

»Das schaffen wir leider nicht«, bedauerte Charlotte, wobei sie ihren Hausgenossen zuzwinkerte. »Zwei meiner Mitbewohner sind beim Arzt. Das dauert immer. Die sind bestimmt erst gegen Mittag zurück.«

»Dann muss es eben ohne sie gehen.«

»Das würden sie mir niemals verzeihen!«, rief sie empört aus. »Besonders Heinrich nicht, der seine Wertsachen in einem großen Tresor bunkert. Ihm gehört dieses Haus. Ich möchte nicht riskieren, dass er mir kündigt, weil meinetwegen seine Schätze gestohlen werden. Wo soll ich alte Frau denn dann hin?«

»Was hat dieser Heinrich denn in seinem Tresor?«

»Eine wertvolle Uhrensammlung … seine Goldmünzen und natürlich Geld. Wir zahlen unsere Miete immer bar.«

»Also gut«, gab der Anrufer nach. »Das wäre wirklich ein lohnender Raubzug für die Täter. Das müssen wir unbedingt verhindern. Die Weihnachtsmänner werden um Punkt zwölf bei Ihnen klingeln und die Sachen abholen. Zu niemandem ein Wort darüber, Frau Stern. Unsere Polizeiaktion ist streng geheim.«

»Wir machen alles so, wie Sie gesagt haben.«

Charlotte unterbrach die Verbindung und setzte sich wieder an den Tisch.

»Du bist unglaublich, Sternchen«, sagte ihr Lebensgefährte Philipp schmunzelnd. »Den Kerl hast du ja ganz schön an der Nase rumgeführt.« Scheinbar vorwurfsvoll runzelte er die Stirn. »Wer zum Teufel ist eigentlich dieser Heinrich?«

Schelmisch lächelnd zuckte sie die Schultern.

»Wer weiß? Jetzt rufe ich erstmal Hannes an. Der kann dann die Kollegen vom Betrugsdezernat unterrichten.«

Während sie hinausging, um mit ihrem Smartphone den Hauptkommissar zu unterrichten, sprachen die Freunde über das Gehörte.

»Auf so eine fiese Art werden ahnungslose Senioren ausgenommen«, schimpfte Anneliese. »Eine Frechheit ist das!«

»Zum Glück hat Charlotte den Braten sofort gerochen«, meinte Wetterfrosch Conrad. »Sie hat großartig reagiert.«

Der General nickte, wobei er mit seinem Rolli näher an den Tisch rückte und ein Brötchen aus dem Körbchen nahm.

»Wie sie den Kerl ausgetrickst hat, war ganz schön clever. Der hat vor lauter Gier jede Vorsicht vergessen. Jetzt stärken wir uns aber erstmal. Noch haben wir diese Schlacht nicht gewonnen.«

Über das Nachbargrundstück schlich Hauptkommissar Hannes Bremer mit seinen Kollegen und einigen SEK-Beamten auf die Rückseite des weitläufigen Anwesens der Senioren. Vom Tor aus war dieser Bereich nicht einsehbar. Philipp ließ die Männer über die Terrasse ins Haus. In der Wohnhalle erfolgte die Lagebesprechung, um die Bewohner über die weitere Vorgehensweise zu informieren.

Damit die Verbrecher keinen Verdacht schöpften, wurden Anneliese und Conrad später über das Nachbargrundstück geleitet. Sie würden die beiden Bewohner mimen, die von dem angeblichen Arztbesuch zurückkehrten. Wie abgesprochen, fuhren sie bald in einem Taxi vor, hielten sich zittrig aneinander fest und verschwanden mit schleppenden Schritten im Haus.

Gespannt warteten die Bewohner auf die Mittagsstunde. Endlich läutete es am Tor. Über den Monitor der Gegensprechanlage sah Charlotte einen Weihnachtsmann und ließ ihn per Knopfdruck aufs Grundstück. Elisabeth öffnete die Haustür und trat mutig hinaus.

In seinen schwarzen Stiefeln stapfte der Mann im roten Mantel näher und legte den Zeigefinger an den Mund. Wortlos übergab Elisabeth ihm einen prall gefüllten Kopfkissenbezug, der mit einer Kordel zusammengebunden war, dann noch einen. In beiden schepperte es leise, als enthielten sie Münzen und Tafelsilber. Mit seiner Beute wandte sich der Mann zum Gehen. Nach wenigen Metern stürmten aus verschiedenen Richtungen vermummte SEK-Beamte auf ihn zu. Im Nu brachten sie den Weihnachtsmann zu Boden. Innerhalb weniger Minuten war der Spuk vorbei.

Nachdem die Polizei mit dem verhafteten Täter abgerückt war, versammelten sich die WG-ler im Wohnzimmer.

»Was für eine coole Aktion«, sagte Anneliese begeistert, während sie den Hauskater auf ihrem Schoß streichelte. »Dem Weihnachtsmann haben wir Gruftis so richtig gezeigt, wo der Hammer hängt.«

»Der arbeitet mit Sicherheit nicht allein«, vermutete Charlotte. »In der Zeitung steht oft genug von Banden, die alte Leute ausspionieren und dann mit Schockanrufen um ihr Vermögen bringen.«

»Häufig mit dem Enkeltrick oder mit angeblichen Unfällen von Verwandten«, fügte Albert missbilligend hinzu. »Obwohl das Thema ständig in den Medien ist, fallen immer noch Senioren darauf rein und verlieren ihre gesamten Ersparnisse.«

»Die Angst alter Menschen auszunutzen ist einfach nur erbärmlich«, meinte Elisabeth. »Hoffentlich nimmt die Polizei bald auch den Rest dieser Bande fest.«

»Die treiben bestimmt weiterhin ihr Unwesen«, vermutete der Professor. Im nächsten Moment blickte er ungläubig zur geöffneten Terrassentür, durch die urplötzlich ein weiterer Weihnachtsmann in den Raum stiefelte. Niemand von ihnen hatte mit Santa 2.0 gerechnet. Wie der Blitz sprang Hauskater Grönemeyer von Annelieses Schoß und sauste unters Sofa.

»Ihr Alten haltet euch wohl für besonders schlau.«

Mit einem Baseballschläger in der Hand kam der Mann näher. Ohne Vorwarnung zerschlug er damit eine Kristallschale auf dem Beistelltisch, die in tausend Splitter zersprang. Elli zuckte ängstlich zusammen und versank fast in ihrem Sessel. Ihre Mitbewohner rührten sich nicht.

»Ihr werdet jetzt genau das tun, was ich euch sage: Jeder von euch legt sein Handy auf den Tisch. Dann gehen wir durchs Haus und sammeln alle Wertgegenstände ein. Sollte jemand von euch den Helden spielen wollen …« Leicht klopfte er mit dem Baseballschläger in seine freie Handfläche. »Ein Schlag mit diesem Ding kann sehr unangenehm sein. Besonders für Schädelknochen. Also versucht es gar nicht erst, wenn ihr eure Rente noch ein Weilchen genießen wollt.«

Während er sich umsah, verschwand Alberts Hand unter der karierten Wolldecke, die über seinen Beinen lag. Als ehemaliger General kalkulierte er stets das Scheitern einer Mission ein und hatte vorgesorgt. Auch die gut geplante Polizeiaktion hätte schiefgehen können. Deshalb war der alte Haudegen für den Ernstfall gewappnet. Blitzschnell zog er seine Armeepistole hervor und richtete sie auf den Eindringling.

»In diesem Haus bin ich der Oberbefehlshaber! Lassen Sie den Schläger fallen und nehmen Sie die Hände hoch!«

Der Weihnachtsmann zögerte.

»Tun Sie, was er gesagt hat«, mischte sich Charlotte ein. »Wir haben keine Lust, hier tagelang Ihr Blut wegzuschrubben.«

Unsicher schweifte sein Blick wieder zu Albert, der in einiger Entfernung und mit unbewegter Miene mit seinem Rolli an der Tür stand.

»Ihr Alten seid ja total durchgeknallt!«

»Und deshalb doppelt gefährlich«, fügte der General ungerührt hinzu. »Also wird's bald?«

Zunächst schien der Verbrecher gehorchen zu wollen. Er nickte, riss dann aber die Hand mit dem Schläger hoch, um damit auf den General loszustürmen. Ein Schuss stoppte ihn mitten in der Bewegung. Die Holzkeule polterte auf den Parkettboden, der Weihnachtsmann landete jammernd daneben und hielt sich seine getroffene Schulter.

Flink war die Strick-Liesel bei dem Verletzten und hob den Baseballschläger auf.

»Conrad, du hast doch Kabelbinder in deinem Werkzeugkoffer.«

Sofort lief ihr Lebensgefährte hinaus und kehrte mit dem Gewünschten zurück. Im Nu war der falsche Weihnachtsmann an Händen und Füßen fixiert.

Unterdessen rief Charlotte zuerst einen Notarztwagen und danach den befreundeten Hauptkommissar an.

»Du musst noch mal zu uns kommen«, sagte sie, als er sich meldete. »Bei uns ist ein zweiter Weihnachtsmann aufgetaucht, der uns ausrauben wollte. Albert hat ihn mit einem sauberen Schuss zur Aufgabe überredet.«

»Euch kann man auch nicht alleinlassen«, brummte Hannes Bremer. »Seid ihr trotz Doppelüberfall okay?«

»Dem Dreamteam ist nichts passiert«, beruhigte Charlotte ihn. »Wir sind schließlich keine Anfänger.«

Einfach schrecklich!

Bettina Reimann

»Dieser ganze Kommerz rund um Weihnachten, das ist doch einfach schrecklich.«

Ihre Stimme am Telefon klang aufgebracht. Er ahnte, was als nächstes kommen würde.

»Und darum schenken wir uns nichts. Davon steht auch nichts in der Bibel, dass man die Geburt des Heilands mit einer Einkaufsorgie im City Center feiern soll.«

Er lachte. So ähnlich hatte sich gestern ein Kollege bei der gemütlichen Runde nach dem Meeting auch ausgedrückt.

»Und ein Baum im Wohnzimmer? Vielleicht noch Lichterketten rund ums Haus und in den Fenstern? Stromfresser, nix anderes. Und die Tannennadeln kriegst Du kaum wieder aus dem Teppichboden.«

Er hatte das Gefühl, sie würde sich immer mehr in Rage reden. Dabei waren sie sich doch einig. Ihn musste sie nicht überzeugen.

»Heiligabend ist ein Tag wie jeder andere. Und wer das ganze Jahr über nicht in die Kirche geht, sollte sich mal überlegen, ob er nicht ein Heuchler ist, wenn er Heiligabend hingeht.«

Sie lachte - aber es klang ärgerlich. Im Hintergrund hörte er Geklapper. Viel Zeit zum Telefonieren hatte er nicht mehr, dann begann die letzte Sitzung, bevor er sich endlich auf den 400 Kilometer langen Heimweg nach Engelbostel machen konnte.

Seine Frau hatte als Beamtin der Langenhagener Stadtverwaltung geregelte Arbeitszeiten und war schon lange zuhause. Jetzt gerade beneidete er sie darum.

»Dieser ganze Vorweihnachtsstress ist völlig unnötig. Was ist am Advent schon besinnlich? Wir hetzen nur durch die Gegend ...«

Er fühlte sich tatsächlich gehetzt - wie jedes Jahr, wenn es darum ging, in Konferenzen das nächste Jahr für das Unternehmen zu planen. Mit dem Advent hatte das wenig zu tun - eher mit den Zahlen, die stimmen mussten.

Er hörte es wieder klappern.

»Was machst du da eigentlich?«, fragte er.

»Vanillekipferl, schon das zweite Blech, die mit Zitronenzuckerguss!«

Seine Lieblingskekse. Er freute sich jetzt schon darauf. Zuhause. Kipferl. Kerzenduft. Die große Tanne mit den Lichterketten an der nahen Engelbosteler Kirche, an der er bald vorbeifahren würde.

»Letztes Jahr hast Du auch gebacken nach dem Treffen mit Deiner Schwester!«, erinnerte er sich.

»Ich muss mich auf andere Gedanken bringen, wenn sie mir Weihnachten madig machen will, die Schreckschraube. Hast ja eben gehört, was sie vom Stapel gelassen hat. Wenn Du zuhaus bist, dann schmücken wir erstmal die kleine Fichte zur Straße hin, was meinst Du? Und morgen starten wir unsere Einkaufsorgie im City Center.« Sie lachte wieder. Wie schön. Er stimmte zu. Gut, dass sie sich einig waren. Er war schon so gespannt, was sie zu ihrem Weihnachtsgeschenk, dem E-Bike, sagen würde, dass bei Zweirad Krüger an der Walsroder Straße zur Abholung bereitstand. Der Advent - mit all seinem freudigen Vorbereitungs-Stress, herrlich!

Einfach schrecklich - diese freudlosen Menschen, für die Weihnachten eine Zeit wie jeder andere war.

Immer diese Vorschriften

Claudia Rimkus

Lieber, guter Weihnachtsmann,
es ist so weit, jetzt bist du dran.
Seit jeher wurd' viel toleriert,
nun läuft es nicht mehr wie geschmiert.

Schon seit vielen, vielen Jahren
bist du durch die Welt gefahren –
ohne Zulassung und Licht.
Auch TÜV und ASU hast du nicht.

Fahrtauglichkeit ist nicht gegeben,
du gefährdest dadurch Leben.
Wir bedauern wirklich sehr,
ab sofort geht das nicht mehr.

In Flensburg versteht man keinen Spaß.
Bußgeldvorschriften sind das Maß.
Bei den Verstößen wiegt auch schwer
deine Teilnahme am Luftverkehr.

Führer- und Pilotenschein
dürften nicht dein Eigen sein.
Hinzu kommt noch die Antriebsart
für die rasante Schlittenfahrt.

Rudi und die Rentierherde
rasen einmal um die Erde.
Ohne 'ne Erholungsphase,
fällt bald ab die rote Nase.

Der Tierschutz ist höchst alarmiert,
hat Gnadenhöfe kontaktiert.
Lieber alter Mann mit Bart,
steig doch um aufs Lastenrad.

Auf der Polizeistation
herrscht auch mal ein rauer Ton.
Hat man Gesetze oft gebrochen,
wird ein ernstes Wort gesprochen.

Buchgeschenke übersteigen schlicht
das zulässige Transportgesamtgewicht.
Ist der Schlitten zu schwer beladen,
kommt vielleicht noch wer zu schaden.

Die Absturzgefahr ist riesengroß –
und du bist deinen Job schnell los.
Wir alle bedauern es enorm,
du bist nicht mit dem Gesetz konform.

Auch wer durch den Kamin einsteigt,
der wird natürlich angezeigt.
Ein Einbruch ist das allemal,
noch dazu in großer Zahl.

Naschst du bei nächtlichen Besuchen
nicht gern mal Kekse, Nüsse, Kuchen?
Das muss man natürlich auch bestrafen,
selbst wenn die Leut' im Haus schon schlafen.

Es ist wohl allgemein bekannt:
Du lebst in einem fremden Land.
Der Nordpol zählt nicht zur EU,
so kommt noch Schwarzarbeit hinzu.

Geschenkideen für das Fest
du deinen Helfern überlässt.
Engelmädchen oder -knaben
basteln Tag und Nacht die Gaben.

Die Produktion ist antiquiert.
Der Ärger ist vorprogrammiert.
Kinderarbeit, welch ein Graus,
das hält man ja im Kopf nicht aus!

Das Jugendamt wird dich verklagen
und dich auch dazu noch befragen –
zum Beispiel nach der Rute Sinn.
Schläge androhen ist nicht mehr drin.

Nötigung heißt dies Vergehen
und wird bestraft, du wirst schon sehen.
Drum lieber, guter Weihnachtsmann,
schau dir mal deine Firma an.

Auch in deiner Position
greifen die Gesetze schon.
So raten wir dir, alter Mann,
bring den Betrieb auf Vordermann.

Überleg dir ganz genau –
und frag auch deine Weihnachtsfrau,
was geändert werden muss,
sonst ist's bald mit dem Reisen Schluss.

Wirst du den Vorgaben gerecht,
steht es für dich gar nicht so schlecht.
Dann lassen wir dich bald in Ruh
und drücken beide Augen zu.

Auch wollen wir dich gar nicht hetzen,
sei nur konform mit den Gesetzen.
Mach es doch wie der Nikolaus,
der geht zu Fuß von Haus zu Haus.

Vielleicht fällt dir was Besseres ein,
es sollte nur nicht strafbar sein.
Sonst landest du als ewiger Gast
womöglich noch in einem Knast.

Das Fest der Liebe – ohne dich?
Das wünscht sich niemand sicherlich.
Jung und Alt vor Freude singen,
wenn die Schlittenglöckchen klingen.

So sehnen wir uns Jahr für Jahr
nach Weihnachten, das ist doch klar.
Drum lieber, guter Weihnachtsmann,
streng dich mal ein bisschen an!

Langer Abschied - Briefe an Sarah

Claudia Rimkus

Liebe Sarah,

warum bist du mit deiner Familie so plötzlich weggezogen, ohne mir vorher davon zu erzählen?

Seit du nicht mehr hier bist, ist alles so öde. Sogar die Sonne versteckt sich hinter dicken Wolken.

Am letzten Wochenende sind wir noch zusammen im See geschwommen und du hast für uns ein Plätzchen im Schatten gesucht, damit ich keinen Sonnenbrand bekomme.

Erst seit fünf Tagen bist du fort, aber ich vermisse dich so sehr, als wären es fünf Jahre. Das darf nicht unser letzter gemeinsamer Sommer gewesen sein! Ich verstehe überhaupt nicht, was passiert ist.

Wie soll ich weiterleben ohne meine beste Freundin? Wir waren doch wie Schwestern – wie siamesische Zwillinge, haben unsere Eltern oft gesagt.

Über alles konnten wir miteinander reden. Wir haben uns zusammen gefreut und manchmal zusammen geweint. Jetzt bin ich nur noch traurig und wütend, weil du weg bist.

Wir konnten uns noch nicht mal voneinander verabschieden! Wie gern hätte ich dich wenigstens noch ein einziges Mal in die Arme genommen. Aber niemand hat uns gefragt, was wir wollen! Das ist so ungerecht! Plötzlich liegt eine ganze Welt zwischen uns. Mit wem soll ich nun über meine geheimen Wünsche sprechen?

Über meine Ängste und Nöte? An wen soll ich mich wenden, wenn ich Kummer habe? Bei wem finde ich Trost?

Ich glaube, für dich ist das genauso schwer. Nein, für dich ist es so weit fort von zu Hause bestimmt noch viel, viel schlimmer.

Morgen wollen sie mich zu Tante Rosi nach Bayern schicken. Bei ihr auf der Alm soll ich bleiben, bis der Krieg vorbei ist. Dieser verdammte Krieg!

Auch wenn wir uns eine lange Zeit nicht sehen, werde ich dir oft schreiben. Sobald ich erfahre, wo du wohnst, schicke ich dir all meine Briefe.

Du fehlst mir so sehr!

Deine Christina

Meine liebe Sarah,

endlich ist der Krieg vorbei und ich bin wieder zu Hause in Hannover. Der warme Sommertag verlockt zum Schwimmen im See. Jetzt könnte alles wie früher sein, aber du bist nicht zurückgekommen – so sehr ich mir das auch gewünscht und so lange ich auch auf dich gewartet habe.

Vater hat sich inzwischen nach euch erkundigt und erfahren, was geschehen ist. Zuerst hat er es mir verschwiegen, aber ich habe so lange gebohrt, bis er mir von eurem Schicksal berichtet hat. Ich wollte es nicht glauben, habe geweint und geschrien! Noch nie hat etwas so schrecklich wehgetan!

Heute vermisse ich dich fast noch mehr als am ersten Tag unserer Trennung. Und ich bete jeden Abend dafür, dass es nie wieder Krieg auf der Welt geben darf. Obwohl jetzt alles anders ist, habe ich auf die Eltern gehört und wieder fleißig gelernt. Nun habe ich das Abitur in der Tasche! Ich habe es wirklich geschafft!

Erinnerst du dich, wie gern ich mir früher Geschichten ausgedacht und in ein Heft geschrieben habe? Daran hat sich nichts geändert. So, wie das Lesen immer noch meine liebste Beschäftigung ist. Deshalb werde ich Germanistik studieren. Vielleicht schreibe ich irgendwann ein richtiges Buch und werde eine berühmte Autorin.

Mein erstes Werk würde ich dem Menschen widmen, der mir am meisten fehlt: dir, Sarah.

Nächste Woche fahren wir zum ersten Mal wieder an die Ostsee. Dorthin, wo wir als Kinder mit unseren Familien die Sommerferien verlebt haben. Das scheint schon Ewigkeiten her zu sein.

Trotzdem ist es, als sei es gestern gewesen, als wir diese große Sandburg gebaut haben. Unser Märchenschloss, in dem wir auf den Traumprinzen warten wollten.

Ich spüre jetzt noch die Sonne auf der Haut, höre das Rauschen der Wellen und dein fröhliches Lachen, das ich jeden Tag vermisse …

Mit liebevollen Gedanken

Deine Christina

Liebe Sarah,

es ist etwas Unglaubliches geschehen! In meinen Jahren als Lektorin habe ich viele interessante Männer kennengelernt, aber es war keiner darunter, bei dem ich Herzklopfen bekommen hätte. Vor zwei Wochen ist es plötzlich passiert:

Im Verlag bin ich vor dem Fahrstuhl mit jemandem zusammengeprallt. Es war nicht schlimm, aber als ich diesem Mann in die Augen schaute – in diese wunderschönen brauen Augen – sind mir sämtliche Manuskripte aus den Händen gerutscht. Himmel, war das peinlich!

Ich habe gemerkt, wie ich knallrot wurde und inständig gehofft, der Boden würde sich auftun und mich verschlingen. Mein stummes Flehen wurde natürlich nicht erhört. Deshalb musste ich meine Unterlagen wohl oder übel wieder einsammeln. Stell dir vor, dieser gutaussehende Rempler hat mir dabei geholfen! Anschließend hat er darauf bestanden, mich mit einer Tasse Kaffee für den Schrecken zu entschädigen.
Seitdem sehen wir uns täglich. Joachim ist so lieb und aufmerksam; wir verstehen uns prächtig. Sogar das Interesse an Büchern teilen wir.
Seine Eltern besitzen eine Buchhandlung, die Joachim eines Tages übernehmen soll. Am nächsten Wochenende veranstalten sie eine Grillparty. Dann will er mich ihnen sogar schon vorstellen. Davor fürchte ich mich ein wenig. Hoffentlich mögen sie mich. Jetzt könnte ich deinen Beistand dringend gebrauchen, Sarah.
Bislang dachte ich, Liebe auf den ersten Blick sei eine Erfindung von Schriftstellern – bis ich diesen magischen Moment selbst erlebt habe. Das ist alles so aufregend. So glücklich war ich noch nie!!!
Noch schöner wäre es, wenn du daran teilhaben könntest.
Ich denke oft an dich und umarme dich ganz fest.

Deine Christina

eigentlich sollte das der glücklichste Moment im Leben einer Frau sein – der Tag, an dem sie heiratet.

Alles war perfekt: der milde Frühlingsmorgen, der strahlend blaue Himmel, der Gesang der Vögel, die blumengeschmückte Kirche … Ich bin glücklich – und gleichzeitig schäme ich mich ein wenig dafür, weil ich all das so sehr genießen konnte, obwohl du nicht bei mir warst.

An diesem besonderen Tag darf die beste Freundin doch nicht fehlen.

Weißt du noch, was wir uns damals versprochen haben? Falls wir einmal heiraten sollten, würden wir unsere Hochzeitskleider zusammen aussuchen – und gegenseitig unsere Brautjungfer sein. Leider ist uns das nicht vergönnt. Deshalb habe ich auf eine Brautjungfer verzichtet. Keine andere sollte den Platz einnehmen, der für dich bestimmt war.

Ach, Sarah, was hätte ich alles dafür getan, dich heute dabei zu haben?

Die Kapelle war bis auf den letzten Platz besetzt. Es war ein feierlicher Augenblick, als wir uns das Ja-Wort gegeben haben. In meinen Gedanken warst du in diesem Moment unter den Gästen.

Auch das Fest im Garten des kleinen Landhotels war traumhaft. Jetzt habe ich mich zurückgezogen, um mich auf die Hochzeitsnacht vorzubereiten. Obwohl Joachim behutsam und rücksichtsvoll ist, fürchte ich mich doch ein bisschen vor dem, was mich erwartet.

Deshalb schreibe ich nun diese Zeilen. So fühle ich mich dir noch näher und stelle mir vor, wie du mir die Angst vor dieser ersten Nacht nimmst.

Danke für den Beistand, den ich immer bei dir finde.

Deine unsichere Christina

Liebe Sarah,

erschöpft, aber dankbar und glücklich muss ich dir unbedingt schreiben.

Was geschehen ist, erscheint mir wie ein Wunder. Mit Ende dreißig bin ich doch noch Mutter geworden. Wir hatten die Hoffnung schon aufgegeben, jemals ein Kind unserer Liebe in den Armen zu halten.

Nun wurde uns dieses Glück an einem kalten Februartag sogar im Doppelpack beschert.

Die Zwillinge sind kerngesund und die schönsten Babys von der ganzen Welt. Joachim platzt beinah vor Stolz. Einen liebevolleren Vater kann man sich nicht vorstellen.

Die Eltern und Schwiegereltern freuen sich sehr über ihre ersten Enkelkinder. Alle sind ganz vernarrt in die Kleinen.

Unsere Tochter haben wir nach dir benannt, Sarah. Unser Sohn heißt Johannes – wie sein Urgroßvater.

Der Junge ist lebhafter als seine Schwester, die mich mit ihren großen blauen Augen so sehr an dich erinnert.

Du würdest meinen Kindern eine großartige Patentante sein. So viele Jahre sind inzwischen vergangen, seit wir voneinander getrennt wurden.

In Joachim fand ich einen wundervollen Lebenspartner, einen

Menschen, der mich liebt und versteht. Nun hat sich sogar unser sehnlichster Wunsch erfüllt: Wir wurden Eltern.

Es ist grausam und ungerecht, dass dir diese beglückenden Erfahrungen verwehrt geblieben sind.

Obwohl ich nun eine richtige kleine Familie habe, werde ich dich niemals vergessen. Du wirst immer in meinem Herzen sein.

Deine Christina

Liebste Sarah,

ich sitze müde am Fenster und schaue zu, wie der Regen gegen die Scheiben prasselt. Blitze zucken vom Himmel und der Donner lässt mich zusammenschrecken. Dieses heftige Sommergewitter spiegelt meine Verfassung wider. Mein Herz ist schwer und voller Trauer. Manchmal kann das Schicksal so grausam sein.

Heute habe ich meinen geliebten Joachim zu Grabe getragen. Nach zweiunddreißig Jahren enger Verbundenheit hat er mich allein zurückgelassen. Es ist schlagartig und ohne Vorwarnung passiert. Eben noch hatten wir zusammen gescherzt und gelacht, als er sich jäh an die Brust griff und zusammenbrach. Auf dem Weg in die Klinik ist er für immer eingeschlafen. Seitdem fühle ich mich schrecklich verlassen und nutzlos – so wie damals, als du plötzlich fort warst, Sarah. In jener Zeit hatte ich noch meine ganze Zukunft vor mir. Nun empfinde ich es, als sei auch mein Leben mit Joachims Tod verloschen.

Zwar kümmern sich die Zwillinge rührend um mich, aber sie

sind erwachsen und müssen ihre eigenen Wege gehen. Auf keinen Fall darf ich mich nun Trost suchend an sie klammern. Am liebsten würde ich mich irgendwo verkriechen und weinen, aber meine Augen haben längst keine Tränen mehr.

Auch diesmal bleibt mir keine Wahl, als den Verlust zu akzeptieren und mit meinem Schmerz weiterzuleben.

Wie mir das gelingen soll, ist mir ein Rätsel. Irgendwie muss ich es dennoch schaffen, mich mit der Leere zu arrangieren. Hoffentlich kann ich mich tagsüber ein wenig mit der Arbeit in der Buchhandlung ablenken. Wie aber soll ich die einsamen Nächte durchstehen?

Deine traurige Christina

Meine liebe Sarah,

das Leben meint es noch einmal gut mit mir!

Bei einer Autorenlesung gegen Antisemitismus in unserer Buchhandlung habe ich einen sympathischen Studienrat im Ruhestand kennengelernt: Jeder Zoll ein Gentleman, dazu klug und humorvoll.

Ist es nicht verrückt, wenn man mit 71 nochmal Schmetterlinge im Bauch hat? Es wäre mir nie in den Sinn gekommen, mich noch einmal verlieben zu können! Jetzt fühle ich mich wieder sehr lebendig.

Richard ist rücksichtsvoll und zärtlich; er schenkt mir die Geborgenheit, die ich so lange vermisst habe.

Es ist herrlich, wieder mit jemandem verbunden zu sein, etwas gemeinsam zu unternehmen und sich danach über das Erlebte auszutauschen.

Dieses unvergleichbare Gefühl der Zusammengehörigkeit macht mir bewusst, wie wichtig es ist, trotz aller Schicksalsschläge immer wieder auf Menschen zuzugehen, um nicht zu verkümmern.

Das Verständnis der Kinder für unsere späte Liebe erleichtert mich. Ich hatte befürchtet, sie könnten es mir womöglich verübeln, wenn ich mich nach langen Jahren des Alleinseins wieder einem Mann zuwende. Die Zwillinge freuen sich jedoch über einen verlässlichen Partner an meiner Seite. Auch Richards Kinder haben mich mit offenen Armen aufgenommen.

Meine Enkel finden es echt cool, dass ihre Großmutter einen Freund hat und noch mal heiraten will – mir ergeht es genauso. Wenn alte Hütten brennen …

Sei liebevoll umarmt von   *Deiner Christina*

Meine liebe, unvergessene Sarah,

es ist Dezember. Das Weihnachtsfest steht vor der Tür. Dies werden wohl meine letzten Zeilen an dich sein, denn ich spüre, wie meine Kräfte schwinden – jeden Tag ein bisschen mehr.

Ich blicke auf ein langes und erfülltes Leben zurück, von dem du stets ein wichtiger Teil gewesen bist.

Die Kinder- und Jugendtage mit dir haben mich auf besondere Weise geprägt. Durch dich habe ich gelernt, wie wertvoll Zuneigung und Vertrauen sind, dass man nie aufgeben darf, auch wenn es noch so aussichtslos erscheint.

All die Jahre hast du mich auf meinem Weg begleitet. Nun

bin ich alt und krank – dankbar für zwei glückliche Ehen, wohlgeratene Kinder, Enkel und Urenkel, die mich auch heute noch gelegentlich bitten, von dir zu erzählen. Dann zeige ich ihnen die vergilbten Fotos, die ich seit damals wie einen kostbaren Schatz hüte, und berichte ihnen von meiner tapferen Freundin mit dem großen Herzen und dem ansteckenden Lachen. Von einem Mädchen mit langen dunklen Zöpfen und strahlendblauen Augen. Von dem Mädchen, das nur sechzehn Jahre alt werden durfte, weil ein größenwahnsinniger Führer es an einem milden Spätsommerabend mitsamt seiner Familie abholen und in ein Lager pferchen ließ. Von meiner besten Freundin, die den grausamen Holocaust nicht überlebt hat.

Nun rückt das Ende meiner Tage näher.

Der Abschied fällt mir nicht schwer, weil ich darauf vertraue, bald wieder mit dir und allen Lieben vereint zu sein, die vor mir diese letzte Reise angetreten haben.

Warte auf mich!  *Deine Freundin Christina*

Erinnert ihr euch an die Zeit?

Claudia
Rimkus

Erinnert ihr euch an die Zeit,
als es vor Weihnachten geschneit?
Die Welt dort draußen wurde leis,
eingepudert glitzernd weiß.

Überall auf den Tannenspitzen
sah man kleine Häubchen blitzen.
Vor den Fenstern tanzten Flocken,
wollten uns nach draußen locken.

Erinnert ihr euch an die Zeit,
als es vor Weihnachten geschneit?
Warm eingepackt war ganz normal,
in Jacke, Stiefel, Mütze, Schal.

Die Kinder in den Garten sprangen,
um die Kristalle einzufangen.
Manch ein Mädel oder Junge
ließ sie schmelzen auf der Zunge.

Erinnert ihr euch an die Zeit,
als es vor Weihnachten geschneit?
Viel Spaß gab's in der kalten Pracht
bei 'ner zünftigen Schneeballschlacht.

Ein Schneemann wurde schnell gebaut,
die Mohrrübe aus der Küche geklaut,
aus Kohlestücken wurden Knöpfe,
verbeulte Eimer zierten die Köpfe.

Erinnert ihr euch an die Zeit,
als es vor Weihnachten geschneit?
Im dunklen Keller, halb versteckt,
wurde der Schlitten neu entdeckt.

Rasch noch eingewachst die Kufen
und hinauf die Treppenstufen.
Langer Lulatsch oder Zwerg
machte sich auf zum Rodelberg.

Durch den Schnee mühsam hinauf,
und rasch auf den Schlitten drauf.
Mit Schwung den Hügel dann hinunter,
manch einer purzelte auch runter.

Erinnert ihr euch an die Zeit,
als es vor Weihnachten geschneit?
Mit Skiern steil den Hang hinab,
schnell wie der Wind, immer bergab.

Wenn der See zu Eis erstarrt,
reizte eine Schlittschuhfahrt.
Wettrennen, Pirouetten drehen,
das war immer wieder schön.

Erinnert ihr euch an die Zeit,
als es vor Weihnachten geschneit?
Auf dem Heimweg durchgefroren,
rote Nasen, Bäckchen, Ohren.

Mit heißem Kakao auf der Ofenbank
und Plätzchen aus dem Küchenschrank.
Kinder glücklich in ihre Bettchen fielen,
träumten davon, im Schnee zu spielen.

Sehnt auch ihr euch nach der Zeit,
als es vor Weihnachten geschneit?

Großes Glück zum Fest

Bettina Reimann

Anja Schreiber setzte die Kapuze ihres Steppmantels auf. Wenn es wenigstens schneien würde! Aber nein: Nieselregen, grauer Himmel, der nahtlos in die Dämmerung überging. Heiligabend, auch nur ein Tag wie jeder andere. Sie hob den Blick nicht zu den Fenstern der Häuser links und rechts des Reuterdamms. Die geschmückten Tannenbäume, die dahinter hervor blitzten, mochte sie nicht anschauen. Sie hielt den Kopf gesenkt, seit sie den Friedhof Grenzheide verlassen hatte. Der Besuch bei ihren Eltern war nicht mehr mit der Frage verbunden, ob sie etwas zum Festessen mitbringen solle. Heiligabend war, seit die beiden nicht mehr lebten, eine einzige große Frage. Werde ich auch einmal so glücklich sein wie die Menschen hinter den Fenstern, die sich am Tannenbaum zuprosten?

Anja ärgerte sich, nicht mit dem Wagen gefahren zu sein. Der Weg entlang des Reuterdamms wurde ihr lang, schließlich bog sie um die Ecke in die Walsroder Straße ein. Vorbei an geschlossenen Fenstern der Unternehmen, vorbei an vereinzelten Menschen, die vielleicht genauso einsam ihrer Wege gingen wie sie selbst. Schließlich schritt sie auf die Elisabethkirche zu, die sie zuletzt mit ihrer Mutter besucht hatte, Weihnachten vor drei Jahren. Sie weinten beide bei den bekannten

Weihnachtsliedern, die der Vater immer so laut mitgesungen hatte. Im Jahr darauf war auch die Mutter tot. Anja bog kurz auf den Kirchplatz ein, um einen Blick auf die erleuchteten Fenster zu werfen.

Die Kirchentür öffnete sich, als sie näher kam. Kinder liefen heraus, die Stille der abendlichen Straße in der Stadt wurde jäh von aufgeregtem Kichern und fröhlichen Stimmen unterbrochen. Anja blieb stehen. Die Erinnerung an sich selbst als Kind in dieser Kirche – mit den Eltern und den Großeltern – schmerzte, und der Gedanke an den Besuch des großen Weihnachtsmarktes an der Kirche, bei dem sie immer wieder Karussell fahren wollte, ließ ihr eine kleine Träne über die Wange laufen. Vorbei.

Er versteckte sich in einem Hauseingang des gegenüberliegenden Supermarktkomplexes, der unscheinbare hagere Mann im grauen Tweedmantel, der eine dunkelblaue Kappe tief in die Stirn gezogen hatte. Warum ging sie nicht weiter, fragte er sich. Wollte sie etwa in die Kirche? Es würde seine Vorfreude nur verlängern, wenn sie in das erleuchtete Gebäude ging. Er malte sich gern aus, wie sie sich wehrte, wie sie versuchen würde zu schreien. Doch seine Hand würde zu fest auf ihrem Mund liegen. Diese Angst in ihrem Blick, wenn er sie an die Wand in ihrem Flur drückte: Er liebte diese Momente, in denen sie ihm ausgeliefert waren. Die Frau, wegen der sie ihn jetzt in Hildesheim suchten, hatte Tränen in den Augen gehabt, als er ihre Kehle zudrückte. Er zog weiter, von Stadt zu Stadt, suchte seine Opfer und erfreute sich daran, sie in ihrem Leben eine Zeit lang zu begleiten. Als stummer Schatten. Ob diese, der er seit vielen Tagen auf ihren Wegen durch ihr jämmerliches kleines Leben zwischen Büro und Wohnung folgte, ihn ebenso beschenken würde? Mit ihrer Panik, ihren Tränen? Ihr täglicher Arbeitsweg - nicht weit, nur von der Wohnung zu Fuß in das Stadtzentrum, wo sie in der Ostpassage in einem Büro arbeitete, würde ihm fehlen. Doch die nächste Stadt war schon ausgewählt. Diesmal im Ausland. Er würde nur noch bleiben, solange das Entsetzen in der Stadt Langenhagen groß war, würde sich an Zeitungsartikeln und Getuschel weiden. Im CCL mitten zwischen den Menschen in einem Café sitzen und lauschen. In Gedanken versunken hatte er einen Moment nicht aufgepasst.

Jetzt betrat sie tatsächlich die Kirche, die prunkvoll und groß in der ansonsten eher unspektakulär bebauten Straße aufragte. Er lehnte sich im Dunkel an den kühlen Backstein einer Mauer. »Geh nur Anja, wir sehen uns danach«, murmelte er und gab sich den Bildern hin, die seine Phantasie ihm vortrug.

»Warum gehe ich da rein?« Anja fühlte sich vom warmen Leuchten in der Kirche angezogen und wunderte sich, dass die Füße sie zielstrebig die wenigen Stufen hinauftrugen. Das fröhliche Plappern der Kinder hatte sie lächeln lassen. Ein schöner Moment. Die Weihnachtssterne im Kirchenschiff, der geschmückte Baum neben dem Altar: Es sah aus wie in jedem Jahr, nur dass die Bänke jetzt, zwischen zwei Gottesdiensten, leer waren. Sie setzte sich in die erste Reihe.

»Der nächste Gottesdienst beginnt erst um 18 Uhr.« Eine sanfte Stimme erklang an ihrer Seite. »Sie können aber gern schon hierbleiben.«

Anja schaute den Pastor an, der jetzt neben ihr stand.

»Ich möchte nur einen Moment hier sitzen.«

Anja erinnerte sich. Nachmittags um kurz nach vier war immer Christvesper mit Krippenspiel. Und dann kam eine Pause bis zum 18-Uhr-Gottesdienst. Wie hieß der Pastor noch gleich? Er hatte auch ihre Eltern beerdigt. Krincke oder so ähnlich

Er nickte. »Gern. Halten Sie Zwiesprache mit Gott. Er wird Sie hören.«

»Danke Herr Krincke«, sagte sie leise und hoffte, den Namen richtig erinnert zu haben.

Mit einem Lächeln und leisen Schritten ging der Pastor durch den Altarraum und verschwand hinter einer Seitentür.

»Er wird Sie hören.« Anja zweifelte. Und was sollte sie diesem Gott, an den sie gern geglaubt hätte, sagen? Sollte sie darum beten, auch einmal Glück zu haben? Warum sollte er gerade ihr diesen Wunsch erfüllen?

Sie erbat nichts, faltete die Hände nicht, ihr Kopf war leer. Da waren keine Worte, die Wünsche zu Bitten formten.

Anja saß stumm da, den Blick auf das Kreuz gerichtet, die Augen zu den Fenstern schweifen lassend.

Und dann war es, als hörte sie eine fremde Stimme, die mit großer Wärme sprach. »Du wirst Glück haben, großes Glück, noch heute. Du musst vertrauen.«

Mit einem Ruck erhob sie sich aus der Kirchenbank. Sie drehte sich um, doch da war niemand. Die Stimme hatte nur in ihrem Kopf gesprochen. Pure Einbildung!

Vertrauen! Worauf? Warum? Anja verscheuchte die Wärme, die sie für einen Moment umgeben hatte. Mit schnellen, klappernden Schritten verließ sie die Kirche, ohne sich umzuschauen und lief über das Pflaster des Kirchhofes, der jetzt menschenleer war.

Draußen schlug ihr der Nieselregen ins Gesicht, doch es störte sie nicht. Die kalten Tropfen klärten ihre Gedanken. Begann man, irgendwann Stimmen zu hören, wenn man so einsam war wie sie?

Sein Herz schlug schneller, als er sie aus der Kirche hasten sah. Sie hatte es eilig. Konnte sie gar nicht erwarten, ihn zu treffen? Er folgte ihr, wie er es so oft getan hatte, still, unscheinbar, wie ein fahler Schatten, den niemand beachtete. Sie bog links ab. Nun waren es nur noch wenige Straßen, bis sie sich treffen würden. Immer die große Walsroder Straße entlang, dann rechts in die Godshorner Straße und schließlich in die Karl-Kellner-Straße, wo sie gleich an der Ecke ihre Wohnung hatte. Er musste sich beeilen, denn sie ging schnell, war ihm schon zu viele Schritte voraus. Er war außer Atem. Umso süßer würde sich der Moment anfühlen, in dem sie realisierte, dass ihr Leben gleich enden würde.

Anja sehnte sich nach dem Schutz ihrer Wohnung. Glück, noch heute … Was für ein Unfug. Sie würde, ohne Weihnachtsbaum und Festessen, den Abend auf dem Sofa verbringen, bei Netflix eine Serie streamen und nebenbei mit anderen Einsamen ironisch twittern, wie blöd Weihnachten doch sei. Das Smartphone würde piepen, wenn Freunde ihr »Frohe Festtage« bei WhatsApp wünschten.

Glück, noch heute. Wo sollte dieses Glück denn herkommen? Aus irgendeinem Single-Chat? Anja beschleunigte ihre Schritte erneut. Nur noch am Kino vorbei, an dem alten zurückgesetzt liegenden Bauernhof und an den dunklen Büros und Praxen am Walter-Raap-Weg. Dann schnell über die Kreuzung.

Ihre Haare, die im Wind flatterten, beflügelten seine Phantasie. Er stellte sich vor, wie er in diese Mähne griff und ihren Kopf mit einem Ruck nach hinten zog, wie ihre Augen vor Schmerz weit aufgerissen an die Decke starrten. Er gab seine Deckung auf, denn sie sah sich nicht einmal um, lief schnellen Schrittes vor ihm her und er folgte mit klopfendem Herzen. Der Regen schlug gegen seine Brille, doch er hielt nicht an, um sie zu reinigen. Er sah sie ihrem Schicksal entgegenhasten und fixierte ihre schmale Gestalt mit verschwommenem Blick. »Gleich, Anja, gleich.«

Sie wartete an der Ampel nicht auf Grün sondern rannte über die Walsroder Straße. Der Regen nahm zu, und die kurze Welle der Wärme, die sie in der Kirche gespürt hatte, wich klammer Kälte. Sie zog schon mal den Haustürschlüssel aus der Tasche, da hörte sie hinter sich einen dumpfen Knall und lautes Bremsenquietschen.

Ein Taxi stand mitten auf der Kreuzung und begrub einen Körper unter sich. Der Fahrer stieg aus. Anjas Herz klopfte, als sie zögernd auf die Unfallstelle zu ging.

»Rufen Sie den Notarzt, junge Frau, schnell. Der Typ ist mir direkt vors Auto gelaufen. Ich hatte Grün! Ich kam aus der Bothfelder Straße.«

Der Taxifahrer hockte vor seinem Wagen, neben dessen Vorderrad ein verdrehtes Bein hervorragte. Anja tätigte den Notruf und blieb stehen, während der Taxifahrer neben seinem blinkenden Wagen kniete und darunter schaute. Auch sie kniete sich nun auf die nasse Straße und lauschte dem jammernden Taxifahrer.

»Guckense mal, der blutet aus dem Kopf. Aber ich kann den Wagen doch nicht wegfahren, damit wir ihm helfen. Da fahr ich doch über den nochmal rüber.«

Anja sah unter dem Auto nur eine hagere menschliche Silhouette in einem grauen Tweedmantel. Eine blaue Kappe lag daneben. Der Rettungswagen kam. Sie trat an die Seite. Die Polizei traf ein. Sie machte ihre Zeugenaussage.

Sie konnte gehen. Und blieb doch solange stehen, bis Notarzt und Sanitäter den Verletzten unter dem Wagen hervorgeholt hatten. Sie sah das Kopfschütteln des Notarztes in Richtung der Polizisten.

Langsam überquerte sie die Straße, durchnässt und zitternd. Zuhause glitt sie rasch aus ihrer Hose, deren Knie vom Straßenschmutz verdreckt waren, ließ den Mantel im Flur fallen und lief in ihr Schlafzimmer, wo sie unter der warmen Bettdecke langsam wieder klare Gedanken fassen konnte. Würde sie den Anblick des verdrehten Männerkörpers unter dem Taxi je wieder vergessen können? Schlimmer konnte es an diesem öden Heiligen Abend wirklich nicht kommen.

»Glück, großes Glück, noch heute.« Sie lachte bitter. Was für ein Unfug!

Urlaubsstimmung

Claudia Rimkus

Einmal im Jahr ist es so weit,
dann begeben sich zur Sommerzeit
drei ganz besondere Gesellen
in ein Hotel auf den Seychellen.

Da haben wir den Weihnachtsmann,
auf den man sich verlassen kann.
Wenn's Christfest im Dezember naht,
plant er eine Schlittenfahrt.

Zuvor ist dran der Nikolaus,
der marschiert von Haus zu Haus.
Wenn die Menschen geh'n zur Ruh,
füllt er Stiefel oder Schuh.

Meister Lampe ist im Land
der größte Eierlieferant.
Im Verstecken seiner Waren
ist er unglaublich erfahren.

Jeder hat im Jahr ein Fest,
mit viel Arbeit, die ihn stresst.
Das Trio hat so viel zu tun
und braucht mal Zeit, sich auszuruhen.

Zuerst erscheint der Weihnachtsmann,
er reist in geblümten Bermudashorts an.
Das weiße Haar gebunden zum Zopf,
eine Baseballkappe sitzt auf dem Kopf.

Von den engen Stiefelqualen
erholt sich Nikolaus in Sandalen.
Dazu trägt er Tennissocken
und 'nen Strohhut auf den Locken.

Die Alten über den Hasen tratschen,
wegen seiner Gesundheitslatschen.
In der knappen Badehose
wirft der sich sogleich in Pose.

Bald sitzen sie auf der Terrasse
und verbraten ihre Urlaubskasse.
Statt Glühwein gibt es kaltes Bier
in dem feudalen Wohnquartier.

Nun heißt es kräftig: Hoch die Tassen,
endlich mal die Sau rauslassen.
Und bis der milde Abend naht,
kloppen sie 'ne Runde Skat.

Langohr sich zusammenreißt,
obwohl er doch so gern bescheißt.
Ihn streng ermahnt der Nikolaus,
drum gibt die nächsten Drinks er aus.

Die Stimmung steigert sich enorm,
alle sind in bester Form.
Der Santa springt von seinem Stuhl
und hüpft laut lachend in den Pool.

Nikolaus und Hoppelhase,
greifen noch einmal zum Glase.
Hopsen dann ins kühle Nass,
das macht einen Heidenspaß.

Am Abend sind die Cocktails dran,
an die man sich gewöhnen kann.
Sehr fruchtig, mit viel Alkohol.
So etwas gibt es nicht am Pol.

Der Weihnachtsmann ist fasziniert,
hat alle Sorten durchprobiert.
Die Wirkung bleibt nicht lange aus,
sieht doppelt schon den Nikolaus.

Naturnah lebt der Osterhas',
kennt sich aus mit grünem Gras.
Drum hat er einen Joint dabei
aus seiner eignen Gärtnerei.

Der macht zu später Stunde
im Freundeskreis die Runde.
Sie kichern noch bis in die Nacht
und feiern, bis die Schwarte kracht.

Hackedicht wird allen klar,
Fortsetzung folgt im nächsten Jahr.

Friedrich allein zu Haus

Claudia Rimkus

Vater

Gedankenverloren stand Friedrich mit seiner Lesebrille in der Hand am Fenster und schaute den dicken weißen Flocken zu, die an der Scheibe vorbeischwebten. In wenigen Tagen würde fast überall auf der Welt Weihnachten gefeiert. Menschen würden mit ihren Lieben zusammensitzen, essen und trinken, Geschenke auspacken, Weihnachtslieder singen oder gemeinsam die Christmesse besuchen. Groß und Klein freuten sich auf die Feiertage. Friedrich nicht. Im Gegenteil: Er fürchtete sich vor dem Weihnachtsfest. Ja, er hatte Angst, weil er es das erste Mal nach 52 Jahren Ehe allein verbringen würde. Allein mit seiner Trauer und seinen Erinnerungen. Wahrscheinlich würde er sich sogar einsam fühlen.

Mit einem Seufzer drehte er sich herum und schlurfte mit müden Schritten zu einem der beiden Ohrensessel. Er legte die Brille beiseite und nahm die Teekanne vom Stövchen. Nachdem er sich eine Tasse eingeschenkt hatte, zündete er die dicke rote Adventskerze an.

Schwer sank er in die Polster. Sein Blick wanderte zum Sessel auf der anderen Seite des kleinen Tisches. Dort hatte seine geliebte Valerie all die Jahre gesessen. Nur so weit voneinander entfernt, um sich noch bei den Händen fassen zu können. Hier hatten sie gelesen – jeder in sein Buch vertieft. Besonders schöne oder interessante Textstellen hatten sie einander vorgelesen.

Seit knapp zehn Monaten war das vorbei. Sie waren abends zusammen zu Bett gegangen, aber nicht wie gewöhnlich zusammen erwacht. Seine bessere Hälfte – das war sie wirklich gewesen – hatte ihn über Nacht verlassen. Plötzlicher Herztod, lautete die Diagnose des Hausarztes. Und das, obwohl sie nie Herzbeschwerden hatte. Friedrich war untröstlich. Er war doch derjenige, der hin und wieder kränkelte. Wie die meisten Männer neigte er dazu, bereits einen Schnupfen als lebensbedrohlich zu beklagen, Außerdem genoss er es, wenn seine Frau ihn liebevoll umsorgte. Das hatte sie immer gern getan und ihn manchmal augenzwinkernd mit seinen ach so schweren Krankheiten geneckt. Wenn die Kinder dann anriefen und sich nach ihrem Vater erkundigten, antwortete sie lachend, ihr armer Mann läge mal wieder sterbenskrank auf dem Sofa. So war sie, seine Valerie. Immer positiv gestimmt und neugierig auf das, was noch kommen mochte. Dabei mit einem erfrischenden Humor gesegnet.

Sie war seine große Liebe, seit er sie in ihrem geblümten Sommerkleid auf der Uferpromenade am Maschsee entdeckt hatte. Aus ihrer Eistüte tropfte es auf ihre Zehen, worauf sie herzlich lachte. Während sie die Sandaletten mit der freien Hand abstreifte, flutschte das Eis aus der Waffel und landete vor den Pfoten eines dicken Hundes. Sogleich machte der sich über die unerwartete Leckerei her, worauf der Schwergewichtige am Ende der Leine lauthals schimpfte. Die Ähnlichkeit von Hund und Herrchen war nicht zu übersehen. Der junge Friedrich ging auf ihn zu und fragte den Mann, ob er auch ein Eis wolle. Ärgerlich schüttelte der Hundebesitzer den Kopf, machte auf dem Absatz kehrt und zog seinen widerspenstigen Vierbeiner hinter sich her.

Auf diese Weise hatten sich Valerie und Friedrich kennen – und bald auch lieben gelernt. Im nächsten Frühjahr luden sie Familie und Freunde zu ihrer Hochzeitsfeier ein.

Sie bekamen zwei Kinder. Zuerst Max, dann seine Schwester Marie. Später hatten die beiden ihren Eltern drei Enkel beschert. Leider wohnte niemand von ihnen in ihrer Heimatstadt Burgdorf.

Seinen Sohn hatte es nach New York verschlagen, wo er für eine Hotelkette als Manager arbeitete und seine Frau Steffi eine Werbeagentur in Manhattan leitete. Ihr gemeinsamer Sohn Nick studierte Rechtswissenschaften in Oxford. Leider kamen sie wegen der großen Entfernung selten nach Niedersachsen.

Friedrichs Tochter wohnte mit ihrer Familie in Bayern. Marie erledigte die Buchhaltung eines holzverarbeitenden Betriebs, der seit Generationen im Familienbesitz ihres Mannes war. Ihre Zwillinge Luis und Lisa standen kurz vor dem Abitur.

Friedrich war klar, wie viel seine Kinder um die Ohren hatten. Sie lebten ihr eigenes Leben. Vor ein paar Tagen hatte er mit ihnen telefoniert. Beide bedauerten, es in diesem Jahr zu den Feiertagen nicht in die Auestadt zu schaffen. Obwohl er traurig darüber war, brachte er Verständnis auf. Es war eben nicht mehr so wie früher. In all den Jahren hatte Valerie die Familie zusammengehalten. Ihre Kinder und Enkel liebten sie und waren ihrem Ruf stets gefolgt, wodurch sie zu Geburtstagen und an Weihnachten immer gemeinsam an dem großen Tisch im Esszimmer saßen und es sich gutgehen ließen.

Das letzte Mal waren alle zu Valeries Beisetzung angereist. Zwar war das ein trauriger Anlass. Dennoch war es tröstend, die Familie beisammen zu haben, auch wenn nun ein wichtiger Teil davon fehlte.

Ohne sie bereitete es ihm keine Freude mehr, unter der wunderbaren Weihnachtsbeleuchtung der Marktstraße entlangzuschlendern. Wie sehr Valerie es geliebt hatte, in den Burgdorfer Lichtwochen dort einen Schaufensterbummel zu unternehmen, und wenn die Familie zum Fest zusammenkam, zählte ein solcher Spaziergang nach Einbruch der Dunkelheit zur Weihnachtstradition.

Am Tag vor Heiligabend zog es Friedrich auf den Stadtfriedhof am Niedersachsenring. Langsam ging er den Weg zwischen den schneebedeckten Gräbern entlang. Die Vögel hatten ihren Gesang zu dieser Jahreszeit längst eingestellt. Es herrschte Totenstille. Friedrich zupfte ein paar vertrocknete Blätter von der Ruhestätte seiner Frau und legte ein Gesteck aus Tannenzweigen nieder. Minutenlang hielt er stumme Zwiesprache mit der Verstorbenen. Er glaubte, ihre warme Stimme zu hören:

Ich habe einen Weihnachtswunsch, Friedrich. Lass den Kopf nicht hängen. Sei dankbar für das, was wir zusammen hatten und schau nach vorn. Das Leben hat noch so viel zu bieten. Geh auf deine Mitmenschen zu. Du musst das Weihnachtsfest nicht allein verbringen. Versprichst du mir das?

»Ach, Valerie …«, murmelte er, bückte sich nach dem Grablicht und zündete es an. »Ich bin 78, was soll da noch kommen?« Die Flamme in dem roten Gefäß flackerte, kam nicht zur Ruhe. War das ein Zeichen?

»Also gut, ich versuch's«, versprach Friedrich. »Bist du nun zufrieden?«

Die Flamme stabilisierte sich, worauf er das Grablicht behutsam abstellte. Auf dem Rückweg setzte er sich wie stets auf eine Bank in der Nähe der Grabstätte seiner Frau. Aus der Manteltasche fischte er eine Handvoll Haselnüsse, klopfte die Nussschalen aneinander und wartete. Es dauerte nicht lange, bis ein Eichhörnchen erschien. Sich immer wieder sichernd umschauend, kam es näher.

Schließlich blieb es vor den Füßen des großen Mannes sitzen, der sich etwas hinunterbeugte und ihm eine Nuss anbot. Zutraulich nahm das kleine Tier die harte Frucht zwischen die Pfötchen, schob sie zwischen die Zähne und verschwand geschwind auf einem Baum. Augenblicke später kam der kleine Kletterkünstler zurück und holte sich Nachschub. Das wiederholte sich, bis Friedrichs Hand leer war.

»Bis zum nächsten Mal«, verabschiedete er sich von seinem fuchsroten Freund und begab sich auf den Heimweg.

Bei einem aromatischen Glas Tee in seinem Haus im Wilhelm-Henze-Weg überdachte Friedrich den Besuch am Grab seiner Frau. Natürlich hatte sie nicht zu ihm gesprochen. So oder ähnlich hätte sie ihren Wunsch aber formuliert. Das wusste er genau. Nach so vielen gemeinsamen Jahren waren ohnehin keine Worte nötig, um sich zu verstehen. Trotzdem: Versprochen war versprochen. Er durfte nicht länger mit seinem Schicksal hadern, musste sich aufraffen, Eigeninitiative zeigen. Seine Frau hätte es so gewollt. Aber konnte er das schaffen? Ohne Valerie war alles so sinnlos. Auch den Kindern schien er gleichgültig geworden zu sein.

Nachdenklich starrte er vor sich hin. Nach einer Weile fasste er einen Entschluss. Er atmete einmal tief durch und stieg die Stufen zum Dachboden hinauf.

Kinder

Den ganzen Vormittag über hatte Marie in Starnberg in der Küche ihres Hauses gestanden und alles für ein leckeres Weihnachtsessen vorbereitet. In diesem Jahr hatten sie eine Jagdhütte gemietet. Sie wollten die Feiertage im Schnee verbringen, lange Spaziergänge unternehmen und Skilaufen.

Als ihre Zwillinge nach Hause kamen, schaltete Marie den Herd aus.

»Hier riecht es ja lecker«, sagte ihre Tochter statt einer Begrüßung. »Was gibt es denn Gutes?« Als sie nach dem Topfdeckel griff, legte ihre Mutter rasch die Hand darauf.

»Finger weg. Das ist unser Weihnachtsessen für die Feiertage.«

»Kann ich meinen Anteil schon heute verputzen? Ich komme nicht mit auf die Hütte.«

»Was?« Verwundert blickte sie ihre Tochter an. »Wie meinst du das?«

»So wie ich es gesagt habe. Ihr könnt gern ohne mich fahren. Ich will zu Opa nach Burgdorf.«

»Was ist denn das für eine Idee? Wir waren uns doch einig, in diesem Jahr …«

»Ihr habt das so entschieden.« Lisa verschränkte die Arme vor der Brust. »Mich hat niemand gefragt. Ich fahre zu Opa.«

Entschieden schüttelte Marie den Kopf.

»Wie willst du denn nach Burgdorf kommen?«

»Mit dem Zug. Immerhin habe ich ein Deutschlandticket.«

»Das kommt überhaupt nicht infrage. Opa weiß, dass wir dieses Jahr mal allein feiern wollen.«

»Willst du mir etwa einreden, ihm macht das nichts aus?«

»Er hat Verständnis dafür und …«

»Echt jetzt?« Fassungslos schaute sie ihre Erziehungsberechtigte an. »Stell dir mal vor, Paps wäre von heute auf morgen nicht mehr da. Trotzdem würden Luis und ich entscheiden, Weihnachten in diesem Jahr … mit unseren Freunden auf Malle zu feiern. Wie reagierst du?«

Marie musste nicht lange überlegen.

»Ich würde euch viel Spaß wünschen.«

»Und wie würdest du dich fühlen, wenn du an den Feiertagen mutterseelenallein zu Hause sitzt?« Sekundenlang hielt Marie dem Blick ihrer Tochter stand, dann senkte sie den Kopf.

»Okay, ich hab's verstanden.«

»Und was wirst du nun tun?«

»Was wohl?« Schuldbewusst lächelte sie. »Sag deinem Zwilling, wir fahren nach Burgdorf.«

Zufrieden verließ Lisa die Küche. Gedankenverloren blickte Marie ihrer Tochter nach. Dann kam Leben in sie. Hektisch suchte sie nach ihrem Handy, entdeckte es auf dem Tisch neben der Tageszeitung. Sie nahm es zur Hand, sah die Zeitanzeige auf dem Display. Es war kurz nach 14 Uhr. Demnach müsste es in New York kurz nach 8 Uhr am Morgen sein. Ihr großer Bruder saß bestimmt schon beim Frühstück. Sie scrollte in der Kontaktliste zu seiner Nummer und tippte darauf.

»Marie«, meldete sich Max mit verschlafen klingender Stimme. Offenbar hatte sie ihn doch aus dem Bett geklingelt. »Ist was passiert, oder warum rufst du an meinem ersten freien Tag so früh an?«

»Ich wollte dir nur von unserer Planänderung erzählen. Wir fahren morgen früh nach Burgdorf.«

»Ist was mit Papa?«

»Nein.«

»Warum habt ihr eure Pläne so kurzfristig geändert? Ihr wolltet doch am ersten Feiertag in die Berge.«

»Stimmt. Dieses Jahr war ziemlich anstrengend. Ich wollte einfach mal keinen Feiertagsstress, keine weite Fahrt, sondern mit kurzer Anreise ein paar erholsame Tage mit Wolfgang und den Kindern erleben. Erst Lisa hat mir klargemacht, wie egoistisch das war. Ich schäme mich dafür. Es geht schließlich um unseren Vater, der nach Mamas Tod einsam zu Hause sitzt. Wann waren wir das letzte Mal bei ihm? Wir hätten uns längst um ihn kümmern müssen.«

»Das ist nun mal schwierig, wenn die Entfernungen zueinander so groß sind.«

»Trotzdem hätten wir ihn hin und wieder besuchen oder zu uns einladen müssen. Wir haben ihn mit seinem Kummer alleingelassen. Wie konnten wir ihm das antun? Ich will gar nicht davon reden, was wir ihm alles verdanken. Und was tun wir? Wir denken nur an uns.«

»Du hast ja recht, Marie. Unser Verhalten war gedankenlos und unsensibel. Mama hätte uns die Leviten gelesen, wenn sie das noch erlebt hätte.« Sekundenlang blieb es still in der Leitung. »Max? Bist du noch dran?«

»Ich habe gerade überlegt … Nick ist vorgestern schon aus London angereist. Wenn ich unsere Hawaii-Flüge umbuche, schaffen wir es vielleicht, rechtzeitig zur Bescherung in Deutschland zu sein.«

»Warten eure Freunde nicht auf dieser Trauminsel auf euch?«

»Man muss auch mal Prioritäten setzen.«

»Danke, ich bin erleichtert über deine Entscheidung.«

»Wir sind eine Familie und sollten zusammenhalten. Ich bespreche das gleich mal mit Steffi und Nick. Danach melde ich mich wieder.«

Familie

Am frühen Nachmittag des Heiligen Abends waren die Straßen im Süden Burgdorfs wie leergefegt. Marie und Max hatten ständig telefonisch in Verbindung gestanden und sich abgesprochen. Fast gleichzeitig trafen sie vor ihrem Elternhaus ein.

Marie stieg aus ihrem Kombi, Max aus dem Mietwagen, den er am Flughafen in Langenhagen geordert hatte. Wie Verbündete fielen sich die Geschwister in die Arme. Auch der Rest der Familie begrüßte sich freudig.

Sie schlichen über den vom Schnee befreiten Plattenweg zur Haustür und läuteten. Im Gebäude rührte sich nichts. Max klingelte abermals. Niemand öffnete. Ratlos schauten sich die Besucher an. Die Wiedersehensfreude verwandelte sich in Sorge.

»Merkwürdig«, sagte Marie beunruhigt. »Papa wollte doch zu Hause bleiben. Nicht mal die Christmesse wollte er ohne Mama besuchen.«

»Möglicherweise ist ihm was passiert«, vermutete ihre Schwägerin Steffi. »Friedrich könnte gestürzt sein. In seinem Alter muss man auch mit so was rechnen.«

»Wir müssen ins Haus«, warf Nick ein und wandte sich an seinen Cousin. »Komm, Luis, wir gucken mal, ob irgendwo ein Fenster offen ist oder ob wir über die Terrasse reinkommen.« Schon verschwanden die beiden um die nächste Ecke. Nach wenigen Minuten kehrten sie unverrichteter Dinge zurück.

»Nichts zu machen«, informierte Luis die Wartenden. »Vor den Fenstern und der Terrassentür sind die Rollläden runtergelassen. Da kommen wir nicht rein.«

»Und wenn Opa heute Morgen gar nicht in der Lage war, die Rollläden hochzufahren?«, fragte Lisa besorgt. »Wir sollten die Polizei rufen.«

Während Marie ihr Handy hervorkramte, hämmerte Max mit der Faust gegen die Haustür. »Papa! Mach auf!«

»Das bringt nichts«, vermutete seine Schwester. In ihren Augen sammelten sich Tränen. »Womöglich hat Papa sich was angetan, weil wir ihn im Stich gelassen haben. – Ich rufe jetzt die Polizei.«

»Warte«, hielt ihr Sohn sie zurück, als auf der gegenüberliegenden Straßenseite ein Taxi hielt. Die hintere Tür öffnete sich und sein Großvater stieg umständlich aus. Er wartete neben dem Wagen, bis der Fahrer das kleine Gepäckstück aus dem Kofferraum geholt und ihm übergeben hatte. Langsam überquerte der alte Herr die Straße. Als er die Gartenpforte erreichte, sah er seine Familie vor der Haustür stehen. Verwundert kam er näher.

»Was macht ihr denn alle hier?«

Seine Tochter drückte ihm einen Kuss auf die Wange.

»Dreimal darfst du raten, Papa. Wo warst du denn?«

»Ich wollte zu euch nach Starnberg. Wenigstens an Heiligabend wollte ich mit euch zusammen sein. Gestern habe ich meinen Koffer vom Dachboden geholt, aber dann überfielen mich Zweifel, ob ich willkommen bin. Trotzdem bin ich heute Morgen in den Bus zum Bahnhof gestiegen. Aber in der Aufregung habe ich vergessen, genug Geld für die Fahrkarte einzustecken. Ich wusste nicht, wie teuer so was ist, wenn man am gleichen Tag reisen will. Deshalb musste ich notgedrungen umkehren. Auf dem Heimweg hat mich dann ein Taxifahrer aufgegabelt.«

»Anscheinend hätten wir uns beinah verpasst«, sagte sein Sohn und umarmte ihn. »Natürlich bist du uns allen immer willkommen, Papa.« Er deutete auf die Wartenden. »Wir haben uns leider viel zu spät entschlossen, mit dir zusammen Weihnachten zu feiern.«

Gerührt lächelte Friedrich.

»Das ist ja eine schöne Bescherung.«

Der gute Peter

Bettina
Reimann

Von drauß vom Wald kam Peter nicht.
Er kam fast direkt vom Gericht.
Geschafft, mal wieder freigesprochen.
Den Braten wieder nicht gerochen.
Er lachte über seinen Richter.
Trank Bier und wurde immer dichter.

Dabei vergaß er ganz und gar,
was eigentlich sein Vorsatz war.
Dreimal war es gutgegangen.
Nun sollt es mit den Brüchen langen.

Klar, das waren Bonzenleute.
Und so ein kleines bißchen Beute,
so reich wie diese Schnösel waren,
Er überlegte, trank 'nen Klaren,

Und schnell gewann er diesen Mut,
in dem der Gangster Dummes tut.
Da kriegt man keine kalten Füße.
Nur ein Geschenk für seine Süße.

Lallte er und ging zur Tür.
Wie dankbar wäre sie dafür.
War ja schließlich Weihnachtszeit
und Heiligabend nicht mehr weit.

Die Villa vorne an der Ecke,
ideal für seine Zwecke.
Weil es stets besonders lohnt,
ist ein Haus grad unbewohnt.

Die ganze Winterzeit in Palma,
waren Christian und Alma.
Sein Job war nur die Rasenpflege,
und manchmal harkte er die Wege.
Er wusste: Unter einer Schüssel,
auf der Terrasse lag ein Schlüssel

Die dunkle Mütze tief gezogen,
war er gerade abgebogen,
da sah er Licht in Christians Haus.
Ein kleines Funzeln, an und aus.
Das konnte doch nicht wirklich sein?
Da brach gerade jemand ein!

Er schlich sich an das Haus heran.
Tatsächlich, Einbrecher, zwei Mann!
Der ganze Schmuck - für diese Kerle?
Kein schönes Stück für seine Perle?
Was dachten die sich denn dabei?
Peter rief… die Polizei.

Die hat sich sehr bei ihm gedankt
und er ist dann nach Haus gewankt.
Da klärte langsam sich sein Schädel
und dann weckte er sein Mädel.

Erzählte von der edlen Tat,
sie küsste ihn, ganz sanft und zart.
War stolz auf ihren trunknen Helden.
Den Einbruch gleich direkt zu melden,
das sei so gut und ehrenvoll.
Er fand sich plötzlich ziemlich toll.

Am Montag drauf sogar noch toller,
auf einmal war sein Konto voller.
Der Hausbesitzer, voller Dank,
schob 1000 Euro auf die Bank.

Und überall im ganzen Ort,
ging von Peter bald das Wort,
er sei wohl doch ein guter Mann
und an Gerüchten gar nichts dran,
dass er selbst klaute wie ein Rabe,
ne düstere Geschichte habe.

Nun geht der Peter in der Nacht,
öfter mal im Dorf auf Wacht.
Er ist beliebt, er gilt als gut
und man bewundert seinen Mut.

Bei andern nach dem Rechten schauen,
damit sich niemand traut zu klauen.
Dafür war er bald bekannt
und wird jetzt Aufpasser genannt.

Das ist auch finanziell zum Wohle,
sein neues Image bringt ihm Kohle!
Für Aufpassrunden, wunderbar,
gibt's von den Reichen Honorar.

Kein Haus wird nun mehr ausgeraubt,
und niemand hätte es geglaubt,
dass die drei Brüche letztes Jahr,
der gute Peter selber war.

Und die Moral von dem Gedicht?
Einbrechen lohnt sich - oder nicht?

Dinner für fünf

Claudia Rimkus

Unzählige Jahreswechsel und ebenso viele Geburtstage hatte Fräulein Sophie zusammen mit ihrem Diener James erlebt. Nun beschloss sie, ihren Ehrentag das erste Mal an einem anderen Tag zu feiern. Wenn man mit Riesenschritten auf die 100 zuging, kam es nicht mehr auf ein genaues Datum an. Sie hatte es gründlich satt, dass ihre Gäste an Silvester seit Jahren durch Abwesenheit glänzten, weil sie mittlerweile längst im kühlen Erdreich ruhten, was Tischgespräche äußerst mühsam machte. Außerdem war ihr treuer und pflichtbewusster Diener mit der Situation überfordert. Nicht nur die Menge Alkohol, die er jedes Mal beim Dinner in sich hineinschütten musste, war bedenklich. Seine Leber brauchte unbedingt Schonung. Zu viel Hochprozentiges führte leider auch zu Ladehemmungen. Dadurch war der gute James nach der Feier nicht mehr in der Lage, zur Zufriedenheit aller Beteiligten seinen Mann zu stehen. Das empfand Sophie trotz ihres hohen Alters als sehr bedauerlich. Man gönnte sich ja sonst nichts.

Anfang September saß die alte Dame in ihrem Salon an ihrem zierlichen Chippendale-Schreibtisch aus Mahagoniholz. Die Umschläge mit den Einladungen für ihre üblichen vier

Freunde lagen bereit. Dennoch zögerte Sophie. Die Herren würden ihrem Haus auch in diesem Dezember trotz eines früheren Termins fernbleiben. Soviel war sicher. Um sich ein weiteres Dinner für eine einzelne Dame zu ersparen, sollte sie die Gästeliste endlich aktualisieren.

Lange dachte Sophie darüber nach, wen sie anstelle der Unsichtbaren einladen könnte. Natürlich gab es Menschen, die sie schon immer gern kennenlernen wollte. Ob diese Herrschaften jedoch geneigt waren, ihrer Bitte zum Geburtstagsessen zu folgen? Wahrscheinlich würden sie sich zunächst in diesem neumodischen Internet über sie erkundigen. Was kein Problem darstellen sollte. Sie hatte nichts zu verbergen. Ihr feudaler Familienlandsitz Cothelstone Castle in Somerset weckte sicher Neugier. Sollten die Auserwählten ihre Einladung ablehnen, würde sie die Feier einfach ausfallen lassen. Eine gute Gelegenheit, erstmals etwas beim Lieferdienst zu bestellen, es sich mit James vor dem TV-Gerät bequem zu machen, eine Videokassette mit einem alten Charlie-Chaplin-Film zu schauen und später mit einem Glas Champagner anzustoßen.

Schließlich entschied sich Fräulein Sophie, zwei Damen und zwei Herren einzuladen. James brachte die Briefe am nächsten Tag in gemäßigtem Tempo per Kutsche zum Postamt in Petworth. Auf die Zusagen musste Miss Sophie nicht lange warten. Glücklich und zufrieden freute sie sich auf die Feier.

An einem Adventswochenende war es dann soweit. Auf dem Landsitz waren die besten Zimmer für die Gäste vorbereitet. Im Laufe des Nachmittags traf zuerst ein bordeauxroter Bentley ein. Rasant lenkte die Fahrerin die Luxuskarosse auf das Gelände und stoppte abrupt vor dem Portal des Herrenhauses, wobei kleine Steinchen flogen. James eilte hinaus, riss die Wagentür auf und verbeugte sich.

»Willkommen in Cothelstone Castle … Frau Windsor … Ma'am.«

Hoheitsvoll nickte sie, ignorierte seine ausgestreckte helfende Hand und stieg aus.

»Kümmern Sie sich bitte um mein Gepäck?«

»Sehr wohl, Ma'am.«

Der Diener gab dem wartenden Dienstmädchen ein Zeichen, bevor er den Gast ins Haus geleitete.

Fräulein Sophie kam langsam die Treppe in die adventlich geschmückte Halle herunter. Ein Lächeln malte sich auf ihr von Fältchen durchzogenes Gesicht, als sie vor der perfekt frisierten weißhaarigen Dame stehenblieb. Auf ihren Stock gestützt versuchte sie sich an einem Knicks, aber ihr Gast schüttelte den Kopf.

»Damit fangen wir gar nicht erst an. Dies ist ein rein privater Besuch. Außerdem sind wir ungefähr gleich alt. Nennen Sie mich bitte Lisbeth.«

»Ich bin Sophie. Es ist mir eine Ehre und Freude, Sie in meinem Haus begrüßen zu dürfen.«

»Herzlichen Dank, meine Liebe. Gleich müsste ein weiterer Gast eintreffen. Ich habe unterwegs einen SUV überholt, der in diese Richtung auf der Landstraße gekrochen ist. Am Steuer saß eine Frau mit weißem Zopf und Sonnenbrille. Recht unpassend bei diesem trüben Wetter.«

Sophie ahnte, um wen es sich dabei handelte. Und sie sollte recht behalten. Durch die noch offenstehende Haustür sahen sie einen Wagen vorfahren, dem eine schlanke Gestalt in einem schwarzen Mantel und mit einem weißem Schal um den Hals entstieg.

»Oh«, entschlüpfte es Lisbeth, als sie ihren Irrtum bemerkte. Ein leises Kichern löste sich von ihren Lippen. »Wer hätte das gedacht?«

Gemächlich schritt der Gast näher und betrat das Haus.

Sophie ging ihm lächelnd entgegen.

»Herzlich willkommen, lieber Karl«, begrüßte sie den berühmten deutschen Modeschöpfer. »Ist es Ihnen recht, wenn wir uns mit dem Vornamen anreden?«

»Aber ja. Sie müssen Fräulein Sophie sein.« Sein Blick wechselte zu der zweiten Dame. Erstaunt ruckten seine Brauen nach oben. Natürlich wusste er, wie unerwünscht es war, ihr die Hand entgegenzustrecken. Deshalb deutete er nur eine Verbeugung an. Mit einem schnellen Blick durch die getönte Brille musterte er sie von Kopf bis Fuß. Sie trug einen tannengrünen Mantel mit goldenen Knöpfen. Auf den obligatorischen Hut hatte sie verzichtet. Pumps, Handschuhe und Handtasche waren schwarz.

»Sie haben mich vorhin überholt, Ma'am. Fahren Sie zu solchen Gelegenheiten immer selbst?«

»Hin und wieder schleiche ich mich aus dem Palast«, erwiderte sie mit feinem Lächeln. »Ich fahre immer noch gern Auto – und sogar ohne Führerschein. Dank Ausnahmegenehmigung darf ich mich dennoch, aber nur in Großbritannien, hinters Steuer setzen.« Sie war außerdem die einzige Person im Land, die kein Nummernschild brauchte. An ihrem offiziellen Fuhrpark war stattdessen das Wappen der Windsors über der Windschutzscheibe angebracht. Wenn sie allerdings wie an diesem Wochenende inkognito unterwegs war, nahm sie einen unauffälligen Wagen mit Kennzeichen.

»Interessant«, bemerkte Karl. »Normalerweise reise ich mit meinem Chauffeur. Der war leider verhindert. Deshalb habe ich mich nach langer Zeit wieder selbst hinters Steuer gesetzt.«

»Musste es denn gleich so ein Monstrum von Auto sein?«

»Ich bevorzuge es, nicht auf derselben Höhe wie die anderen zu fahren.«

Das klang arrogant, aber da die nächsten Gäste eintrafen, beließen sie es dabei. Aus dem weißen Golf, der neben dem Bentley und dem SUV etwas mickrig aussah, stiegen zwei Personen: eine Frau und ein Mann.

»Auch das noch«, murmelte Karl mit Blick auf die ganz in Schwarz gekleidete Dame. Die Kombination aus wattierter Steppjacke, Hose und flachen Schnürschuhen empfand der Designer als Zumutung für seine Augen. Allerdings passte diese Aufmachung zur Mutti der Nation. Ihr Begleiter trug einen dezent gemusterten dunklen Wintermantel und eine karierte Schirmmütze auf dem Kopf. Dieser Mann kam ihm ebenfalls bekannt vor.

Erfreut begrüßte Fräulein Sophie die Neuankömmlinge.

»Liebe Angela, ich heiße Sie willkommen. Schön, dass Sie es einrichten konnten.«

»Vielen Dank für die Einladung, Fräulein Sophie. Seit ich Rentnerin bin, kann ich mir meine Zeit nach Lust und Laune einteilen.« Sie deutete auf ihren Begleiter. »Ich habe Vicco an einer Bushaltestelle eingesammelt.«

»Sie kennen sich?«

»Wir sind uns mal in Berlin begegnet.« Die Ex-Kanzlerin dachte kurz nach. »Vor 17 Jahren bei einem Dinner nach einer Lesung von ihm.«

»Sie haben ein gutes Gedächtnis, Angela«, lobte Vicco, nahm die Mütze ab und begrüßte die Dame des Hauses.

Unterdessen hatte Lisbeth ihre Handschuhe abgestreift. Sie trat auf die deutsche Besucherin zu und reichte ihr die Hand. »Angela, nun sehen wir uns nach Ihrem Abschiedsbesuch auf Schloss Windsor schon so bald wieder. Das freut mich sehr.«

»Diese Privataudienz zum Tee war im letzten Jahr meiner Amtszeit das Highlight.« Sie fasste nach dem Arm des Mannes neben ihr und stellte ihn vor. »Das ist Vicco, der beste Humorist der EU.«

Freundlich nickte Lisbeth dem Mann mit dem zurückweichenden Haupthaar zu. Der schien etwas schüchtern und ließ den Blick durch die wohnliche Halle schweifen. Neben der geschwungenen Treppe ragte ein festlich geschmückter Christbaum in die Höhe.

»Kein Lametta«, murmelte der Humorist, worauf Angela grinste.

»Ja, früher war mehr ...«, antwortete sie mit einem Nicken. Sie begrüßte den Modemacher und hätte ihn beinah Karlchen Glücksklee genannt. Erst kürzlich war in einem Journal beim Zahnarzt sein Spitzname zu lesen, den er als Kind trug, seit sein Herr Vater diese Kondensmilchmarke erfunden hatte.

Sophie kündigte den Besuchern an, der Butler würde ihnen nun ihre Unterkünfte zeigen. Dort hätten sie die Möglichkeit, sich frischzumachen. Das Dinner würde in zwei Stunden serviert. James führte die Gäste hinauf.

113

Fräulein Sophie blickte ihnen versonnen nach. Mit dieser illustren Gesellschaft käme hoffentlich endlich wieder Leben in die Bude. Wie verabredet trafen sie später im Speisezimmer zusammen. Der Tisch war festlich gedeckt. Auf weißem Leinen brillierten feines Porzellan, auf Hochglanz poliertes Besteck, Kristallgläser unterschiedlicher Größe und silberne Kerzenleuchter. Im mit Tannengirlanden geschmückten Kamin knisterte ein behagliches Feuer. Die Wände zierte eine goldgerahmte Ahnengalerie und vor dem Buffet lag ein prachtvolles Tigerfell.

Kleine Tischkärtchen regelten die Sitzordnung. Sophie nahm an der Stirnseite der Tafel Platz. Rechts von ihr saßen Angela und Lisbeth, auf der linken Seite Karl und Vicco.

Die Hausherrin wandte sich an den Butler.

»Sie können jetzt die Suppe auftragen, James.«

»Die Suppe. Sehr wohl, Fräulein Sophie.«

Er wandte sich zum Buffet, auf dem alles bereit stand. Mit der Suppenterrine ging James von Gast zu Gast und tat jedem eine Kelle voll auf.

»Ich denke, wir nehmen Sherry zur Suppe.«

»Der gleiche Ablauf wie letztes Jahr, Fräulein Sophie?«

»Der gleiche Ablauf wie in jedem Jahr, James. Aber der Alkohol bleibt Ihnen erspart.«

Er brachte die Terrine zurück und griff nach der Sherryflasche. Auf dem Weg zum Tisch stolperte er über den Tigerkopf, schwankte, fing sich und füllte die Gläser. Sein wehmütiger Blick streifte die Flasche. Ein wirklich exzellenter Tropfen, den er gern probiert hätte.

Beim Essen begutachtete Karl unauffällig die Kleidung seiner Mitstreiter. Der Modeschöpfer hatte schon öfter über die Kostüme und Hüte von Lisbeth gelästert. In seinen Augen war sie modisch vor fünfzig Jahren stehengeblieben. An diesem Abend trug sie ein fliederfarbenes Kostüm mit einer großen Diamantbrosche in Form einer Blüte unterhalb der linken Schulter. Farbenfroh, aber langweilig. Die Queen hätte längst von ihrer jahrelangen englischen Designerin Angela Kelly zu internationalen Modemachern wechseln sollen.

Seine Augen wanderten weiter zur Ex-Kanzlerin, die nun zu schwarzen Hosen einen pinkfarbenen Blazer trug. Im Grunde erschien ihm ihr Dresscode passend, aber der Schnitt sollte akkurater sein. Als Fachmann würde er ihr empfehlen, ihre Jacken offen über einer Bluse zu tragen und dazu besser geschnittene Hosen sowie elegantere Schuhe. Na ja, wenigstens saß ihre Frisur. In dieser Hinsicht hatte Angela im Laufe ihrer Kanzlerschaft eindeutig dazugelernt.

Die Gastgeberin trug einen langen dunklen Samtrock. Dazu eine weite schwarz gemusterte Jacke mit einer hellen Spitzenbluse darunter. Das schneeweiße Haar war kunstvoll hochgesteckt. Angemessen für eine alte Dame des englischen Landadels.

Vicco wirkte auf Karl in seinem braunen Tweet-Dreiteiler etwas zu bieder. Vermutlich interessierte es sich nicht für Mode. Ein hoffnungsloser Fall. Der Designer selbst war in seinem unverwechselbaren Schwarz-weiß-Look erschienen: weißes Vatermörder-Hemd mit Stehkragen, breite schwarze Krawatte, schwarze Halbhandschuhe, aus denen nur die Fingerspitzen herausragten. So fühlte er sich wohl.

Während Karl über die Modesünden in diesem Kreis innerlich den Kopf mit dem gepuderten Zopf schüttelte, versuchte Lisbeth ihr Gegenüber auf etwas aufmerksam zu machen. Sie schaute Vicco eindringlich an, wobei sie auf sein Kinn deutete. »Sie haben da was.«

»Oh.« Hastig griff er nach seiner Serviette und wischte sich über den Mund.

Fragend schaute er Lisbeth an, die den Kopf schüttelte. Abermals fuhrwerkte er in seinem Gesicht herum – nun hektisch. Die kleine Suppennudel verschwand.

Gleich darauf räumte James die Teller ab.

Sophie bat ihn, nun den Fisch zu servieren, was der Diener umgehend tat. Dazu sollte es Weißwein geben, den er sogleich einschenkte.

Den Gästen schmeckte es sehr gut. Auch der deutsche Humorist war von der englischen Küche angetan. Ohne an die vorwitzige kleine Nudel zu denken, griff er nach seiner Serviette, tupfte sich die Lippen ab und lehnte sich zufrieden zurück. Dabei bemerkte er Lisbeths konsternierten Blick, der sich in seinen rechten Mundwinkel zu bohren schien. Hatte er etwa schon wieder …? Beschämt nahm er die Serviette und wischte, bis er die kleine Nudel erwischte. Meine Güte, was das peinlich, dachte er und schaute zu Sophie hinüber, die dem Butler neue Anweisungen gab.

»Servieren Sie nun bitte die Ente, James. Dazu nehmen wir Champagner.«

»Die Ente – und Champagner«, wiederholte ihr treuer Diener. »Derselbe Ablauf wie letztes Jahr, Fräulein Sophie?«

»Derselbe Ablauf wie in jedem Jahr, James. Aber der Alkohol bleibt Ihnen erspart.«

»Schade.« Wenigstens den Schampus hätte er gern probiert. Ohne zu murren servierte er den dritten Gang des Dinners. Mit einer knappen Verbeugung stellte er einen Teller vor Vicco auf den Tisch. James schaffte es durch einen Ausfallschritt, auf dem Weg zum Buffet nicht über den Kopf des Tigerfells zu straucheln. Mit der Champagnerflasche kehrte er an den Tisch zurück und schenkte die Gläser ein.

Als er auf dem Rückweg einen bedauernden Blick auf das Etikett dieses ausgezeichneten Tropfens warf, stolperte er abermals über den Tigerkopf. Daraufhin schob Angela ihren Stuhl zurück und stand auf.

»Das Ding ist lebensgefährlich«, bemerkte sie, schnappte sich das Tigerfell und beförderte es in Begleitung einiger Staubpartikel neben den Kamin. Anscheinend war das Sicherheitsempfinden in England nicht so hoch wie in good old Germany. Unauffällig warf die Ex-Kanzlerin auf der Suche nach einem Rauchmelder einen Blick zur Raumdecke, entdeckte aber keinen. Innerlich verdrehte sie die Augen, schwieg aber und setzte sich wieder. Bemerkungen über die vorbildliche deutsche Gründlichkeit waren hier unangebracht.

Das Fehlen der Stolperfalle schien James zu irritieren. Nach dem Abräumen des Geschirrs vollführte er auf dem Weg in die Küche ein unnötiges Bremsmanöver und segelte dadurch fast aufs Parkett.

»Sie können jetzt das Dessert servieren, James«, wies Fräulein Sophie ihren Diener an, worauf Vicco erwartungsvoll lächelte.

»Kosakenzipfel?«

Lisbeth feuerte einen vorwurfsvollen Blick auf ihn ab. Sie wirkte nicht amüsiert. »Wie bitte?«

»Das ist nichts Unanständiges, sondern ein sehr leckeres Dessert.«, erklärte Angela, die selbst gern backte und verkniff sich ein Lachen. »Delikat.«

Verstehend nickte die Queen; Sophie schüttelte den Kopf.

»Obst ist zu dieser Jahreszeit wichtiger – wegen der Vitamine.« Sie schaute den Butler an. »Servieren Sie bitte Portwein zum Dessert, James.«

»Portwein, sehr wohl. Derselbe Ablauf wie letztes Jahr, Fräulein Sophie?«

»Derselbe Ablauf wie in jedem Jahr, James. Aber der Alkohol bleibt Ihnen erspart.«

»Ja, ja«, murmelte er, obwohl er ein Gläschen vertragen könnte. Immer nur zusehen war fast schon Folter. Er freute sich jedoch auf das, was wie in jedem Jahr nach dem Obst folgte. Miss Sophie würde sich zurückziehen, er würde sie nach oben begleiten und seine Pflicht erfüllen – diesmal stocknüchtern. Als Sophie sich nach dem Essen erhob, stand er bereit.

»Wir wechseln in den Salon, James«, teilte sie ihm zu seinem Erstaunen mit. »Räumen Sie hier bitte ab, und dann bringen Sie uns Rotwein.«

Der alte Butler glaubte, sich verhört zu haben. »Nicht derselbe Ablauf wie im letzten Jahr, Fräulein Sophie?«

»Ich kann meine Gäste doch nicht sich selbst überlassen, James.«

Sie rauschte an ihm vorbei zur Tür. Auch die anderen standen auf und folgten ihr.

Bald saßen sie in dem typisch englisch eingerichteten Wohnraum, der durch den gekonnten Mustermix urgemütlich wirkte. Gestreifte Sessel, zwei geblümte, mit zahlreichen Kissen belegte Sofas, dazwischen elegante Beistelltische, auf denen sich neben stilvollen Lampen Bücher stapelten. Auch in diesem Raum gab es einen Kamin. Auf dem Sims stand eine antike Uhr neben zahlreichen Bilderrahmen und silbernen Kerzenleuchtern.

James servierte den Rotwein und positionierte sich dann auf seinen schmerzenden Füßen neben der Tür. Schließlich war er nicht mehr der Jüngste. Diese Neuerungen gingen ihm kräftig gegen den Strich. Zur Beruhigung hatte er in der Küche die Flasche an die Lippen gesetzt und den restlichen Champagner vernichtet. Er war auch nur ein Mensch mit Bedürfnissen. Gelangweilt lauschte er dem Gespräch der Gäste, das sich um Haustiere drehte. Lisbeth schwärmte von ihren zwei Corgis namens Candy und Muick, die in ihrem Palast auf sie warteten. Karl hielt dagegen und pries seine Birma-Katze Choupette in den höchsten Tönen.

Die Queen und der Modezar, ging es James durch den Kopf. Adel verpflichtet.

»Ich habe Möpse«, bemerkte Vicco.

Angela kicherte. »Sind Sie sicher, Vicco, mein Freund?«

Der schaute indigniert und gab den Staffelstab an das Nesthäkchen der Runde weiter.

»Hund oder Katze, Angela?«

»Ich habe einen Vogel.«

»Darauf wäre ich im Leben nicht gekommen«, kommentierte Karl trocken. Er nahm nie ein Blatt vor den Mund.

»Charmant wie eh und je«, konterte die Ex-Kanzlerin, legte ihre Finger aneinander und formte eine Raute. »Neuerdings bin ich ja als die fiktive Miss Marple der Uckermark eine erfolgreiche Ermittlerin in einem Kriminalroman. Als Miss Merkel besitze ich auch einen Mops.«

»Meine beiden Möpse habe ich bei meiner Tochter geparkt. Sie ist Kunstmalerin und lebt in der Nähe von London. Ich war bei ihr, bevor Sie mich an der Bushaltestelle aufgelesen haben.«

»Ist Ihre zweite Tochter auch in England?«

»Nein, sie ist zu Hause in Deutschland geblieben. Sie studiert das Singen ohne Text auf Lautsilben mit dem häufigen Umschlagen zwischen Brust- und Falsettstimme.«

Bei Angela fiel der Groschen zuerst: »Ah, Jodeln! Auf Diplom?«

«Nein, auf Magister«, entgegnete Vicco.

»Interessant«, ließ Fräulein Sophie verlauten. »Leider habe ich keine Kinder. Meine Männer … Nun ja, sie waren immer sehr beschäftigt. Die vier haben sich zwar intensiv um mich bemüht, aber ich konnte mich für keinen von ihnen entscheiden.«

»Wer waren die Herren?«, fragte Lisbeth interessiert. »Kenne ich sie?«

»Einer von ihnen war der preußische Admiral von Schneider, dann der Abenteurer Sir Toby, der französische Lebemann Pommeroy und der englische Kolonialist Winterbottom. Eigentlich hatte ich mir damals fest vorgenommen, demjenigen mein Ja-Wort zu geben, der mir zu meinem 40. Geburtstag das originellste Geschenk bringt. Aber die Herren waren ziemlich einfallslos. Deshalb habe ich nie geheiratet.«

Gott sei Dank, kommentierte James im Stillen. Keiner dieser Herren war gut genug für sein Fräulein Sophie gewesen.

Hätte einer von denen ihr Herz erobert, wäre er ausgewandert – mindestens bis nach London.

Der Abend zog sich in die Länge, was auch am Alkohol lag, der die Zungen der Gäste lockerte. Nur nicht die von Karl, der schon beim Essen nur an seinem Glas genippt hatte und nun Mineralwasser schlürfte.

Endlich beschloss die Gesellschaft, schlafenzugehen. Am Diener vorbei verließen die Gäste den Raum. Der Modefritze, wie James ihn insgeheim nannte, klopfte ihm im Hinausgehen jovial auf die Schulter.

Beschwingt erhob sich Fräulein Sophie. Sie schien die Stunden im Kreis ihrer Besucher sehr genossen zu haben.

»Ich ziehe mich jetzt auch zurück, James.«

In banger Erwartung schaute er sie an.

»Derselbe Ablauf wie im letzten Jahr, Fräulein Sophie?«

»Aber ja, James. derselbe Ablauf wie jedes Jahr!«, erwiderte sie verheißungsvoll lächelnd. »Diesmal erwarte ich Ihren vollen Einsatz.« Erleichtert straffte er seine Gestalt und bot ihr seinen Arm.

»Ich werde, wie immer, mein Bestes geben, Fräulein Sophie.«

Geschenkewahl

**Claudia
Rimkus**

Beizeiten fängt der Weihnachtsmann
mit der Geschenkeauswahl an.
Wunschzettel sind ja oft sehr lang,
da wird's dem Alten Angst und Bang.

Je älter diese Menschen werden,
wird es nicht leichter hier auf Erden.
Ein Kleinkind ist in jedem Fall
zufrieden mit 'nem bunten Ball.

Legosteine, Playmobil -
für Kita-Jungs erklärtes Ziel.
Dinos, Spiderman und Co.
lieben Knaben sowieso.

Barbie befeuert Mädchenträume
mit Haus und Pferd und einer Scheune.
Dazu Kleidung und Accessoires,
das macht Mädels sehr viel Spaß.

Schulkinder können es kaum erwarten,
mit dem Lesenlernen zu starten.
Leselöwe und Lesemaus
kennen sich bald bestens aus.

Abenteuer und Magie,
den Harry Potter mögen sie.
Fünf Freunde sind besonders helle,
lösen komplizierte Fälle.

Märchenbücher und Pferdeliebe,
wenn es doch nur dabei bliebe,
dann wüsste der alte Weihnachtsknabe,
für Teenie-Girls die Büchergabe.

Er denkt kurz nach und ruft sodann
einen Händler in Hannover an.
Der kennt sich auf dem Buchmarkt aus
und haut gleich ein paar Titel raus.

Drei Fragezeichen, Tintenherz,
Gregs Tagebuch, das ist kein Scherz.
Ruby Circle, Hearts and Soul,
die erste Liebe, Ravenhall.

Den Mann in Rot wundert es echt,
so ein Experte ist nicht schlecht.
Und mutig fragt er bei ihm an,
ob er ihn nicht verpflichten kann.

Bezahlen kann er ihm nicht viel,
Zufriedenheit ist doch sein Ziel.
Und der Wunsch, dass Menschenwesen
in aller Welt wieder mehr lesen.

Der Händler seit dem ersten Tag
den Job im Buchladen sehr mag.
Ein Wechsel als Saisonarbeiter
schadet der Karriereleiter.

Jedoch erklärt er sich bereit
zur Buchberatertätigkeit.
Und legt, das ist fürwahr famos,
sogleich mit ersten Namen los.

Hemingway, Kästner, Morgenstern,
lesen viele Leute gern.
Ulla Hahn und Ingrid Noll
erzählen ebenfalls ganz toll.

Den alten Goethe zu vergessen,
wäre wahrlich zu vermessen.
Schätzing, Beckett, Vicky Baum –
ihre Schreibkunst ist ein Traum.

Der Weihnachtsmann ist fasziniert,
dass jemand sich so engagiert.
Er selbst kennt sich ja gar nicht aus,
hat nicht einmal ein Buch zu Haus.

Weihnachtswichtel, Rentierherde,
einmal um die ganze Erde.
Da bleibt kaum Zeit für andere Sachen,
die vielen Leuten Freude machen.

Doch eines Tages, irgendwann,
ist auch bei ihm der Nachwuchs dran.
Bald steht im Buchladen er vorm Tresen
und kauft sich endlich was zum Lesen.

Im Lehnstuhl putzt er seine Brille,
und genießt die Nordpol-Stille.
Erwartungsvoll greift er zum Kauf
und schlägt den ersten Krimi auf.

Er liest und liest, um zu erfahren,
was er versäumt in all den Jahren.
Von jedem Werk sehr angetan
liest er begeistert mit Elan.

Nun berät der Weihnachtsmann
den Nachfolger so dann und wann.
Kann manchen guten Tipp ihm geben,
denn Literatur ist nun sein Leben.

Das Phantom

Claudia Rimkus

Es versprach, ein milder Dezembertag zu werden. In der Woche vor den Feiertagen waren die Temperaturen in Hannover über die Zehn-Grad-Marke geklettert. Das war eindeutig zu milde für diese Jahreszeit. Dennoch genossen es die Menschen, ihre Weihnachtseinkäufe nicht bei klirrender Kälte erledigen zu müssen. Die Morgensonne schien von einem blauen Himmel zum Küchenfenster herein. Charlotte Stern saß mit ihren Mitbewohnern der Senioren-WG in der alten Villa beim Frühstück. Wie gewöhnlich besprachen sie dabei ihre Pläne für den Tag.

»Ich muss wegen ein paar Unterschriften zur Residenzverwaltung«, sagte Anneliese und nahm ein Croissant aus dem Brotkorb. Sie leitete die Christa-Bernhardt-Stiftung, zu der auch die Seniorenwohnanlage Eichengrund gehörte. Fragend schaute sie Charlotte an. »Hast du Lust, mitzukommen?«

»Gern. Während du den Verwaltungskram erledigst, besuche ich Frau Ritter.«

»Die alte Dame wird sich freuen«, prophezeite Professor Philipp Thaler und lächelte seine Lebensgefährtin über den Tisch hinweg an. »Genau wie unser Freund Pippich.«

»Der wittert schon von weitem, wenn dein Sternchen in der Nähe ist«, behauptete Conrad. Schmunzelnd zwinkerte er Charlotte zu. »Dein Super-Fan, der nie müde wird, seine sagenhafte Libido zu preisen.«

»Wer hat, der hat«, kommentierte sie amüsiert. »Herr Pippich ist einfach nur einsam. Hättest du deine Liesel und uns nicht, würdest du immer noch im Eichengrund sitzen und womöglich aus lauter Frust den Damen dort unanständige Angebote machen.«

»Zum Glück habt ihr mich davor bewahrt. Trotzdem muss ich was tun, um in Form zu bleiben. Deshalb will ich mal wieder ins Schwimmbad.«

»Danke für das Stichwort«, sagte Elisabeth, die dritte Dame im Bunde. »Wenn ihr unterwegs seid, werde ich eine leckere Schwimmbadtorte backen.«

In Charlottes Golf fuhren die Freundinnen nach dem Frühstück vom Grundstück. Unterwegs wurde die leise Musik aus dem Autoradio von den Zehn-Uhr-Nachrichten abgelöst. Interessiert lauschten sie dem neuesten Bericht über das Phantom, wie die Presse den stets ganz in Schwarz gekleideten vollbärtigen Juwelenräuber nannte. Bislang hatte der Dieb viermal in den Abendstunden mit Waffengewalt zugeschlagen und wertvollen Schmuck sowie Bargeld erbeutet. Innerhalb weniger Minuten war er unerkannt verschwunden. Bei seinen Überfällen ging der Täter nicht zimperlich vor, sondern verletzte die Ladeninhaber erheblich. Nun war das erste Mal eines der Opfer an den schweren Verletzungen verstorben.

»So kann aus einem Räuber schnell ein Mörder werden«, kommentierte Anneliese, worauf Charlotte nickte.

»Das hat er durch seine brutale Vorgehensweise in Kauf

genommen. Wer weiß, ob der nicht früher schon mal jemanden getötet hat.«

»Ist jetzt dein Freund Kommissar Bremer für den Fall zuständig?«

»Da nun einer der Juweliere tot ist, wird eine Mordkommission gebildet«, erklärte Charlotte, die jahrelang das Polizeiarchiv geführt hatte. »Wenn Hannes zurzeit keinen anderen Fall bearbeitet, überträgt man ihm vielleicht die Leitung. Dann wird er eng mit den für Raub zuständigen Kollegen zusammenarbeiten.«

»Und das Phantom schnappen«, vollendete Anneliese. »Hoffentlich.«

Bald betraten sie die Seniorenresidenz Eichengrund, in der sie sich im letzten Jahr kennengelernt hatten. Anneliese verschwand durch eine Tür, hinter der die Verwaltungsbüros lagen; Charlotte trat an den Anmeldetresen, den ein kunstvolles Adventsgesteck zierte, und fragte nach einer Bewohnerin. Die diensthabende Rezeptionistin erwiderte, die alte Dame würde mit ihrem Enkel ein paar Tage in Leipzig auf den Spuren der Vergangenheit wandeln. Deshalb entschloss sich Charlotte zu einem Spaziergang im Park.

Gemächlich schlenderte sie bis zum Teich, ließ sich auf einer Bank nieder und lehnte sich zurück. Mit geschlossenen Augen genoss sie den Sonnenschein auf ihrem Gesicht. Es dauerte nicht lange, bis sie Gesellschaft bekam. Auf seinen Stock gestützt kam ein etwas gebeugt gehender Senior näher. Charlotte blinzelte ihm entgegen.

»Grüß Sie, Frau Stern!«, rief er erfreut aus. »Schön, Sie zu sehen. Darf ich mich zu Ihnen setzen?« Charlotte dachte an Conrads Worte und nickte lächelnd.

»Alles gut bei Ihnen, Herr Pippich?«

»Überwiegend funktioniert alles bestens«, erwiderte der 82-jährige und nahm neben ihr Platz. »Zwar fällt mir das Laufen manchmal schwer, aber ich kriege ihn immer noch hoch.« Da war er wieder, sein Standardspruch. Er konnte es einfach nicht lassen.

»Dann ist Ihre Welt ja in Ordnung.«

»Nicht ganz«, widersprach er und erzählte von einer bevorstehenden Zahn-Behandlung. Da der kleine Eingriff unter leichter Sedierung durchgeführt würde, sollte sich der Patient nicht allein auf den Heimweg begeben, sondern von jemandem abholen lassen. »Das ist mein Dilemma«, schloss er. »Ich habe niemanden, der mich nach Hause bringen könnte. Ein Taxifahrer wird als Betreuung nicht akzeptiert.«

Sein erwartungsvoller Blick blieb ihr nicht verborgen. Während ihrer Zeit als Probebewohnerin in der Residenz hatte sie den alten Herrn schon einmal begleitet, als er nach einem Viagra-Experiment mit Herzproblemen in eine Klinik transportiert werden musste.

»Wann?«

»Am nächsten Donnerstag um 17 Uhr.«

»Reicht es, wenn ich Sie eine Stunde vorher abhole?«

»Das würden Sie tun?« Ein Strahlen lief über sein faltiges Gesicht. »Sie sind ein Schatz, Frau Stern.«

Als Charlottes Mitbewohner von ihrem Fahrdienst erfuhren, wurde sie damit – wie erwartet – geneckt. Sogar Hauskater Grönemeyer schien sie anzugrinsen. Das hinderte sie nicht daran, Josef Pippich am Donnerstag pünktlich vor der Residenz einzusammeln.

Die Zahnarztpraxis lag in Hannovers Stadtteil Bemerode. Die Wohn- und Geschäftsebenen in dem modernen Gebäudekomplex waren durch ein gemeinsames Treppenhaus miteinander verbunden, sodass man bei jeder Witterung gut geschützt den gewünschten Ausgang erreichen konnte. Parkplätze für Patienten und Kunden der umliegenden Geschäfte waren im Innenhof durch eine Toreinfahrt erreichbar. Die in den Wintermonaten immer noch herrschende Maskenpflicht in der Praxis veranlasste Charlotte, den alten Mann über den Hintereingang nur bis zum Fahrstuhl zu begleiten. Er würde sie nach der Behandlung anrufen. Dann käme sie mit lästiger Maske hinauf, um ihn abzuholen.

Auf dem Parkplatz stieg Charlotte wieder in ihren Wagen, nahm den Krimi aus der Ablage und vertiefte sich im Schein der Leselampe in ihre Lektüre. Etwa eine Stunde später läutete ihr Telefon und Pippich bat, abgeholt zu werden. Mit Smartphone, FFP2-Maske und Funkschlüssel stieg Charlotte aus und verriegelte den Golf. Handy und Schlüssel verschwanden in den Jackentaschen, bevor sie mit der Maske am Handgelenk auf die Eingangstür zustrebte und nach dem Türgriff fasste. Im gleichen Moment wurde die Tür von innen aufgestoßen. Ein schwarz gekleideter Mann mit Vollbart, die Schirmmütze tief ins Gesicht gezogen, stürmte aus dem Treppenhaus ins Freie. Sekundenlang trafen sich ihre Blicke.

»Können Sie nicht aufpassen?«

Er fluchte und drängte sich an ihr vorbei.

Empört schaute Charlotte ihm nach, sah den schwarzen Rucksack über seiner Schulter und den Mann zwischen den Autos entlang zu einem Fahrrad rennen, das an einem Pfahl angeschlossen war. Mehrmals blickte er sich dabei um, als hielte er nach Verfolgern Ausschau.

Plötzlich hatte Charlotte das Phantombild aus der Zeitung vor Augen. Im Schutz der Tür beobachtete sie den Mann, der sich wie ein Schatten auf den Sattel schwang und im Vorbeifahren kurz zu ihr hinübersah. Im nächsten Augenblick war er durch die Toreinfahrt verschwunden. Ohne zu zögern lief Charlotte durchs Treppenhaus auf die Straße. Von dem Radfahrer war nichts mehr zu sehen. Unwillkürlich fragte sie sich, was sie nun tun sollte. Ihren Freund bei der Polizei informieren? Obwohl sie nicht wusste, ob ihre Beobachtung überhaupt etwas mit dem Juwelenräuber zu tun hatte? Man konnte nicht jeden schwarz gekleideten Bärtigen unter Generalverdacht stellen. Beruhte ihre Vermutung nicht ohnehin auf dem Schrecken, als die Tür aufgestoßen wurde und der Rüpel sie fast umgerannt hätte? Wahrscheinlich war es so. Dennoch hörte sie auf ihre innere Stimme, die ihr riet, zu überprüfen, ob es in der Nähe ein Juweliergeschäft gab. Sofort wandte sie sich nach rechts und lief den Gebäudekomplex entlang: ein Optiker, eine Konditorei, ein adventlich geschmückter Blumenladen, an der Ecke ein griechisches Restaurant. Charlotte drehte sich herum und kehrte zum Hauseingang zurück. Nun inspizierte sie die Geschäfte links davon: eine kleine Buchhandlung … und ein Juwelier! An der Ladentür hing ein Schild mit der Aufschrift: geschlossen. Dennoch drückte Charlotte gegen die Edelstahl-Griffplatte – die Tür gab nach. Zögernd trat sie ein, wobei ein dezenter Gong ertönte.

»Hallo?«, rief sie, erhielt jedoch keine Antwort. Misstrauisch blickte sie sich um. Nichts deutete auf einen Überfall hin. Die Vitrinen waren unversehrt. Schmuck und Uhren funkelten im Licht der Auslagen. Insgeheim tadelte sich Charlotte. Offenbar sah sie Gespenster, weil ihre Spürnase schon längere Zeit unterfordert war. Sie wollte sich gerade wieder zurückziehen, als sie ein schleifendes Geräusch vernahm, dann ein Stöhnen. Es schien aus dem hinteren Bereich zu kommen, der durch einen dunkelblauen Samtvorhang vom Geschäft abgetrennt war. Sollte sie nachsehen, oder lieber die Polizei alarmieren? Und wenn jemand sofort Hilfe brauchte? Geräuschlos schlich sie in ihren Sneakers näher und zog den Vorhang mit einem Ruck auf.

Entsetzt hielt sie mitten in der Bewegung inne. Vor dem offenstehenden Tresor lag bäuchlings ein Mann mit einer stark blutenden Kopfwunde. Sofort eilte Charlotte zu ihm und hockte sich neben ihn. Da er auf Ansprache nicht reagierte, tastete sie nach seinem Handgelenk. Der Puls war kaum fühlbar. Im Aufstehen zog sie ihr Smartphone hervor und wählte zuerst den Notruf. Danach rief sie Hauptkommissar Hannes Bremer an und schilderte, was geschehen war. Kaum hatte sie das Gespräch beendet, läutete ihr Telefon. Aus der Zahnarztpraxis rief Josef Pippich an und fragte, ob sie ihn vergessen hätte. Das hatte sie tatsächlich. Aber sie konnte den Schwerverletzten jetzt nicht allein lassen. Deshalb bat sie Pippich um etwas Geduld. Sie müsse sich um einen Notfall kümmern und käme in die Praxis, sowie der RTW eingetroffen sei. Tatsächlich dauerte es nur wenige Minuten, bis der Krankenwagen vorfuhr. Charlotte führte das Notarztteam zu dem Bewusstlosen.

»Die Polizei habe ich informiert. Der leitende Kommissar müsste jeden Moment eintreffen.«

»Gut gemacht«, lobte der Notarzt und hockte sich neben den Schwerverletzten. Mit geübten Griffen leitete er mithilfe des Sanitäters die Erstversorgung ein. Aus der Ferne waren bereits näher kommende Martinshörner zu hören. Für Charlotte gab es nichts mehr zu tun. Sie verließ das Geschäft und betrat das Nebenhaus. In der Praxis nahm sie Josef Pippich in Empfang und bestieg mit ihm den Fahrstuhl. Inzwischen war der Hauptkommissar mit seinem Team eingetroffen. Sein Dienstwagen stand quer auf dem Fußweg. Uniformierte sperrten den Tatort weiträumig ab. Dort war kein Durchkommen mehr. Deshalb brachte Charlotte den alten Mann über den Hintereingang zu ihrem Wagen, verfrachtete ihn auf den Beifahrersitz und schnallte ihn an. Bevor sie einstieg, schrieb sie Hannes eine WhatsApp-Nachricht, dass sie Pippich zur Residenz bringen und anschließend nach Hause fahren würde. Beim Abendessen erzählte sie ihren Mitbewohnern von den Ereignissen. Philipp reagierte besorgt.

»Dieser Kerl ist skrupellos und dadurch gefährlich. Und er hat dich gesehen, Sternchen. Das gefällt mir nicht.«

»Nur einen kurzen Moment lang«, beruhigte sie ihn. »Außerdem kennt außer der Polizei und Pippich niemand meinen Namen.«

»Trotzdem …«

»Wenigstens kommt jetzt endlich Bewegung in den Fall«, sagte die pragmatische Anneliese und stand auf, als es läutete. »Wetten, das ist Bremer?«

Tatsächlich kehrte sie bald in der Begleitung des Hauptkommissars zurück. »N'Abend zusammen.«

Elisabeth hatte inzwischen ein Gedeck für ihn herbeigeholt. »Setzen Sie sich zu uns, Herr Wachtmeister.«

Hannes schmunzelte und nahm Charlotte gegenüber Platz. Geflissentlich rückte sie verschiedene Teller und Schälchen in seine Reichweite. »Greif zu.«

»Danke.« Er wählte eine Scheibe Vollkornbrot. Während er sie mit Butter bestrich, bat er Charlotte, noch einmal ausführlich zu berichten, was sich seit dem Beinah-Zusammenprall mit dem Schwarzgekleideten ereignet hatte. Während sie berichtete, versuchte sie sich an jedes Detail zu erinnern.

»Wie geht es dem Juwelier?«, fragte sie anschließend.

»Er liegt im Koma. Vorläufig können wir ihn nicht befragen. Deshalb ist deine Aussage wichtig. Kommst du morgen ins Präsidium, um einen Blick in unser Fotoalbum zu werfen?«

»Selbstverständlich.«

»Und wenn er in der Verbrecherkartei nicht zu finden ist?«, fragte Wetterfrosch Conrad. »Was machen Sie dann?«

»Wir werten zurzeit sämtliche Aufnahmen der Verkehrskameras aus – auch noch mal die von den anderen Überfalltagen. Bislang wussten wir ja nicht, dass der Täter auf dem Fahrrad unterwegs ist.«

»Ich denke, wir haben es hier mit einem sehr intelligenten Verbrecher zu tun«, sagte Psychologe Philipp, der schon oft Täterprofile erstellt hatte. »Er scheint zu wissen, wo sich ein Überfall lohnt und schlägt stets in weit auseinander liegenden Stadtteilen zu. Um lange Diskussionen mit den Inhabern zu vermeiden, geht er äußerst brutal vor. Dadurch kann er den Überfall innerhalb weniger Minuten durchziehen. Für seine Flucht nutzt er den Schutz der Dunkelheit. Als Radfahrer ist er unauffällig und hat im Falle einer Verfolgung wahrscheinlich die besten Chancen, zu entwischen.«

Leider konnte Charlotte den Täter am nächsten Morgen anhand der Fotos auf dem Polizeicomputer nicht identifizieren. Sie bedauerte, den ehemaligen Kollegen nicht weiterhelfen zu können.

»Du hast uns schon wertvolle Angaben gemacht«, widersprach Hannes. »Außerdem hast du dem Juwelier das Leben gerettet.«

Das musste sich erst noch herausstellen, dachte Charlotte. Noch war ungewiss, ob der Juwelier wieder aufwachen würde. Sie hätte gern mehr dazu beigetragen, den brutalen Räuber aus dem Verkehr zu ziehen.

Kaum war die Pressekonferenz der Polizeidirektion in der Waterloostraße am Nachmittag beendet, wusste die halbe Stadt von einer Zeugin, die den Täter gesehen hatte und ihn identifizieren könnte. Ein Name wurde wie üblich nicht genannt. Dennoch musste dem Täter klar sein, wie gefährlich diese Zeugin für ihn war. Würde er nun die Füße stillhalten und seine Überfälle einstellen? Würde er sich mit seiner Beute ins Ausland absetzen oder weiter auf Raubzug gehen?

Am nächsten Tag berichteten sämtliche Zeitungen über die Existenz der Zeugin. Der Reporter eines Boulevard-Blatts schmückte seinen Bericht mit der Behauptung aus, er wisse aus zuverlässiger Quelle, sie sei eine Patientin der nahegelegenen Zahnarztpraxis.

Hannes regte sich über diese unseriöse Berichterstattung auf; Philipps Beunruhigung wuchs. Er sorgte sich um Charlotte. Immerhin war es durch geschicktes Vorgehen möglich, über die Praxismitarbeiter zu erfahren, wer Josef Pippich abgeholt hatte. Hannes Bremer versprach, sich sofort darum zu kümmern. Er fuhr zur Praxis und schärfte dem Zahnarztteam ein, sich unbedingt an die Schweigepflicht zu halten, um niemanden in Gefahr zu bringen. Sollte sich jemand verplappern, könne das verheerende Folgen haben. Trotz dieser Aktion hatte Philipp Angst um Charlotte. Es wäre nicht die erste lebensgefährliche Situation, in die sein Sternchen geriet. Das Phantom würde nicht davor zurückschrecken, die Zeugin aus dem Weg zu räumen.

In den nächsten Tagen wich Philipp nicht von Charlottes Seite. Hannes informierte die WG-ler laufend über den Stand der Ermittlungen. Auf einigen Kameraaufzeichnungen war ein Radfahrer in Tatortnähe zu sehen, auf den Charlottes Beschreibung passte. Leider verschwand er jedes Mal in engen Nebenstraßen, in denen es keine Videoüberwachung gab und tauchte nicht wieder in der Reichweite einer Kamera auf.

Einen weiteren Überfall gab es vorerst nicht. Dafür erschütterte die Nachricht vom Tod des Juweliers die Bewohner der Stadt. Die Presse bezeichnete das Phantom nun als gesuchten Doppelmörder. Die Fahndung lief auf Hochtouren, während die Staatsanwaltschaft für Hinweise zur Ergreifung des Täters eine Belohnung in Höhe von 5000 Euro auslobte.

Der Raubmörder war als Mitarbeiter einer Sicherheitsfirma tätig, bis man ihm vor einem halben Jahr gekündigt hatte. Obwohl er in seinem neuen Job nicht schlecht verdiente, reichte ihm das nicht. Er wollte mehr. Viel mehr. Sein Traum war ein sorgenfreies Leben irgendwo im sonnigen Süden. Nun war bei einem Überfall zum ersten Mal etwas gründlich schiefgelaufen. Dadurch fühlte er sich in die Enge getrieben. Sein Fehler musste schnellstmöglich korrigiert werden. Ohne diese Zeugin könnte ihm niemand etwas nachweisen. Sie war die einzige, die ihn unmaskiert gesehen hatte.

Unbemerkt folgte er einer Auszubildenden aus der Zahnarztpraxis abends auf dem Heimweg. Alles an ihm war schwarz: die Kleidung, die tief in die Stirn gezogene Basecap, die FFP2-Maske, die Handschuhe. Bei erster Gelegenheit zerrte er die junge Frau in einen dunklen Garagenhof. Mit einer Hand drängte er sie gegen eine Begrenzungsmauer, mit der anderen setzte er ihr ein Messer an die Kehle.

»Du sagst mir jetzt, wer die Frau war, die den Juwelier gefunden hat.« Zitternd vor Angst war sie zu keiner Antwort fähig.

»Los! Rede! Sie war Patientin bei euch.«

»Nein …«

»Verarsch mich nicht!«

»Sie … sie hat einen Patienten … nach einem … Eingriff abgeholt …«

»Wen?«

»Herrn Pip …pich.«

»Wo wohnt der?«

»Keine … Ahnung.«

Unbarmherzig griff er von hinten in ihr langes Haar und drängte sie mit seinem Körper fester gegen die Wand. »Denk nach, wenn du das hier überleben willst!«

»Er hat … mal was von … Eichengrund erzählt.«

»Was ist das?«

»Ein Altersheim.«

»Und die Frau? Arbeitet die dort?«

»Das … weiß ich … wirklich nicht.«

Die WG-ler waren noch nicht mit dem Frühstück fertig, als Charlottes Smartphone klingelte. Sie nahm das Telefon vom Tisch, stand auf und verließ die Küche.

»Moin, Hannes. Was gibt es?«

»Am frühen Morgen wurde die Leiche der Auszubildenden aus der Zahnarztpraxis gefunden – auf einem Garagenhof in einem Gebüsch.«

»Oh, nein!« Charlotte ahnte, was das bedeutete. »Ihr glaubt, das Phantom hat sie umgebracht?«

»Vermutlich hat der Kerl sie auf dem Heimweg abgepasst und bedroht, bis sie ihm aus Angst alles gesagt hat, was er wissen wollte. Anschließend hat er ihr die Kehle durchgeschnitten.«

»Das arme Mädchen.«

»Höchstwahrscheinlich kennt der Täter nun Pippichs Namen. Eventuell weiß er auch, wo er wohnt und wird versuchen, über den alten Mann an dich ranzukommen, Charly.«

»Was soll ich tun?«

»Können wir uns in einer Stunde zur Lagebesprechung im Eichengrund treffen?«

»Ich werde dort sein.«

Charlotte kehrte in die Küche zurück und unterrichtete ihre Mitbewohner über die neuesten Ereignisse.

»Ich komme mit«, sagte Philipp, der sein Sternchen nicht aus den Augen lassen würde.

»Ich auch«, schloss sich Anneliese an. Sie fühlte sich für alles verantwortlich, was die Residenz betraf.

Im Eichengrund versammelten sie sich bald in einem Konferenzraum. Außer dem Residenzleiter und dem Hauptkommissar war die Oberstaatsanwältin Frau Dr. Pauli anwesend, die nach der Begrüßung das Wort ergriff.

»Die Fakten sind allen bekannt. In absehbarer Zeit wird das Phantom hier auftauchen, um aus Herrn Pippich den Namen seiner Begleiterin rauszubekommen. Wir werden den alten Herrn sofort woanders unterbringen.« Fragend schaute sie Anneliese an. »Gibt es in der Residenz zurzeit eine freie Wohnung?«

»Nein.« Sie wechselte einen kurzen Blick mit dem Residenzleiter, der ihre Antwort bestätigte. »Die beiden Gästeapartments sind momentan nicht belegt. Ich lasse gleich eins davon herrichten.«

»Gut. Hauptkommissar Bremer wird für ein paar Tage in Pippichs Wohnung ziehen. Außerdem werden einige Beamte als Residenzmitarbeiter getarnt ebenfalls im Haus sein.«

»Kann ich irgendwie helfen?«, fragte Charlotte, worauf die Staatsanwältin rigoros den Kopf schüttelte.

»Wir werden Sie nicht noch einmal in Gefahr bringen, Frau Stern. Sie halten sich da raus.« Ihr Blick schweifte zu Philipp. »Und Sie auch.«

»Aber …«

»Keine Chance«, sagte sie in einem Ton, der keinen Widerspruch duldete. »Erfahrungsgemäß wird sich der Täter erst nach Einbruch der Dunkelheit hierher wagen. Also müssen wir ab dem späten Nachmittag mit ihm rechnen.«

»Rund um die Abendveranstaltungen wäre es für ihn günstig«, sagte Charlotte und nahm einen Programmflyer vom Tisch. »Heute ist nichts los, aber morgen wird ein Chor adventliche Stimmung verbreiten. Solche Veranstaltungen sind immer sehr gut besucht.«

»Ist das nicht zu riskant?«, wandte Philipp ein. »Sollte man die Veranstaltung nicht vorsichtshalber absagen, um keine Bewohner zu gefährden?«

»Nicht unbedingt«, überlegte Hannes. »Es könnte von Vorteil sein, so viele Bewohner wie möglich in einem Saal zu versammeln. Dort wären sie unter Polizeiaufsicht sicher.«

Die kleine Gruppe diskutierte das Für und Wider. Mit ernster Miene beendete die Oberstaatsanwältin die Diskussion.

»Dann sind wir uns einig, die Veranstaltung nicht abzusagen. Unsere Leute werden sich unter die Zuschauer mischen.« Ihr Blick blieb auf Charlotte haften. »Meinetwegen können Sie und der Professor im Publikum sitzen. Mehr ist für Sie nicht drin.«

Auf der Website der Seniorenresidenz hatte er von der Abendveranstaltung gelesen. Eine gute Gelegenheit, den alten Mann zu besuchen. Er verbarg sich in der Nähe der Residenz unauffällig in seinem Wagen, bis ein Kleinbus mit dem Schriftzug des Chors vorfuhr. Eine etwa 20-köpfige Gruppe stieg aus. Die Damen trugen lange rote Kleider unter ihren Mänteln; die Männer dunkle Anzüge. Als sie auf die automatische Eingangstür zustrebten, schloss er sich ihnen an. Eine Angestellte führte den Chor zu einem Saal. Um nicht entdeckt zu werden, bog das Phantom zu den nahegelegenen Herrentoiletten ab und verbarg sich in einer Kabine.

Irgendwann erklangen Klaviermusik und gedämpfter Gesang. Vorsichtshalber wartete der Eindringling noch zehn Minuten, bevor er ins Foyer zurückkehrte. Die Rezeption war nicht besetzt. Schnell huschte er die Treppe hinauf und schlich durch die leeren Gänge, bis er in der zweiten Etage auf ein Türschild mit dem Namen Pippich stieß. Geübt öffnete er das Schloss mit einem Dietrich und schlüpfte geräuschlos in den Flur. Von dort vernahm er Geräusche aus dem Wohnzimmer. Auf seinen Kreppsohlen schlich er näher, sah den Mann, der ihm den Rücken zugewandt auf einem Stuhl hockte und in einer Zeitschrift blätterte. Die Waffe an seinem Gürtel war nicht zu übersehen. Das war eine Falle! Einen Fluch unterdrückend wirbelte der Eindringling herum. Dabei stieß er mit dem Fuß gegen die Flurkommode. Im Nu war er draußen und wandte sich nach rechts. Hinter sich hörte er eine Tür klappen. Verdammt! Der Polizist verfolgte ihn. Der Verbrecher rannte um die Flurbiegung und entdeckte einen Fahrstuhl. Per Knopfdruck glitt die Tür auf. Rasch sprang er hinein und fuhr ins Erdgeschoss. Der Saal lag genau gegenüber. Wahrscheinlich wimmelte es in diesem Altenheim von Bullen. Er brauchte eine Geisel, um hier rauszukommen. Entschlossen zog er seine Pistole aus dem Hosenbund und schlich in den Rittersaal. Auf der Bühne leuchteten Kerzen an einem mit bunten Kugeln geschmückten Weihnachtsbaum. Davor stand der Chor und sang »Süßer die Glocken nie klingen«. Das Publikum stimmte mit ein.

Ohne Vorwarnung packte der Verbrecher die junge Frau, die neben der letzten Sitzreihe an einer Säule lehnte. Sie stieß einen erschrockenen Schrei aus, wodurch die Anwesenden aufmerksam wurden. Aufgebracht redeten alle durcheinander; die Musik erstarb.

Philipp tauschte einen kurzen Blick mit Charlotte, bevor er wieder zu dem Mann hinübersah, der die Angestellte wie ein Schutzschild vor sich hielt und mit der Pistole bedrohte. Hoffentlich geriet er nicht in Panik. Der Professor wusste nicht, wie viel Schuss Munition der Eindringling hatte, aber sicher ausreichend, um ein Blutbad anzurichten. Ruhig stand Philipp auf, verließ die Sitzreihe und blieb an der Seite stehen – weit weg von Charlotte.

»Ruhe bitte!«, rief er mit erhobener Stimme. »Bleiben Sie bitte alle auf ihren Plätzen!« Sofort wurde es still. Philipp konzentrierte sich auf den Verbrecher.

»Machen Sie es nicht noch schlimmer. Legen Sie die Waffe weg.«

»Setz dich wieder hin!«, befahl der Maskierte über die Köpfe der Anwesenden hinweg und hielt der Frau die Pistole an die Brust. »Sofort! Sonst erschieße ich sie!«

Unter diesen Umständen hatte der Professor keine Wahl, als sich auf dem nächsten freien Platz niederzulassen.

»Ich werde jetzt mit ihr verschwinden. Wenn uns jemand folgt, ist sie tot. Ich will keine Polizei sehen!«

Das konnte Charlotte nicht zulassen. Sie sah Hannes hinter einer Säule auftauchen und erhob sich spontan, um das Phantom abzulenken.

»Sind Sie nicht meinetwegen hier?«, wandte sie sich mutig an den Verbrecher. »Lassen Sie die Frau gehen und nehmen mich als Geisel.«

Verblüfft über das Angebot ließ er den Arm mit der Waffe ein wenig sinken. Im nächsten Moment flog der Hauptkommissar mit einem Sprung auf ihn zu und versetzte ihm einen seitlichen Stoß, der ihn von den Füßen riss. Hart stürzte er auf den Parkettbogen, wobei er die Pistole verlor. Während die junge Frau gegen die Wand taumelte, sprangen mehrere

Polizisten hinzu. Sie unterstützten Hannes bei der Festnahme des Täters und fixierten dessen Handgelenke mit Kabelbindern auf dem Rücken. Flankiert von drei Beamten wurde er hinaus geführt.

Die Unruhe im Saal legte sich, als Anneliese auf die Bühne stieg und einige erklärende Worte zu den Ereignissen abgab. Sodann fragte sie die Anwesenden, ob die adventlichen Chorgesänge fortgesetzt werden sollten oder ob sich die Bewohner nach den Aufregungen in ihre Unterkünfte zurückziehen wollten. Die Mehrzahl sprach sich ebenso wie der Chor für die Fortsetzung der Veranstaltung aus. Sturmerprobte Senioren waren offenbar nicht so leicht aus der Ruhe zu bringen.

Später traf die Oberstaatsanwältin mit Charlotte und Philipp im Foyer der Residenz zusammen. Benita Pauli bemühte sich um eine strenge Miene, während sie das Paar vorwurfsvoll ansah.

»Hatte ich nicht gesagt, Sie beide sollen sich raushalten?«

»Oh je«, entschlüpfte es Charlotte in bedauerndem Ton. »Wie konnten wir das vergessen? Anscheinend werden wir allmählich senil.« Rasch griff sie nach Philipps Hand. »Lass uns nach Hause fahren. Verkalkte alte Leute gehören um diese Uhrzeit längst ins Bett.«

Der Plätzchenstand

Bettina Reimann

Kathi: Hallo zusammen! Hab mal einen Gruppenchat für unseren Gemeinschaftsstand beim Weihnachtsmarkt eröffnet. Wer soll alles mit rein? Anni, Solveig, Justus, Caro und Sören hab ich schon.

Sören: Meinetwegen. Dann nimm noch die Jenny mit rein. Ich mag solche Gruppen eigentlich nicht.

Anni: Hallihallo zusammen. Ist ja nur wegen des Plätzchenstandes, Sören. Und du hast dich nun mal für einen Standdienst eingetragen.

Justus: Hab viel um die Ohren. Lese erstmal nur mit, sorry.

Caro: Also wir backen Plätzchen, seh ich das richtig? Und der Markt geht von 17 bis 22 Uhr?

Solveig: Huhu! Zoe-Charlotte, Johannes-Benjamin und ich backen gerne mit.

Kathi: Ich hab schon tolle alte Plätzchenrezepte von meiner Oma rausgesucht. Ihr werdet staunen.

    Solveig: Alte Rezepte????

Kathi: Ja. Ich kann mich noch sooo gut an den Geschmack erinnern, wenn Oma gebacken hat. Und wie das duftete. Hach!

    Solveig: Alte Rezepte - das klingt nach viel Zucker????

Kathi: Na ja, es sollen ja echte Weihnachtsplätzchen werden und wir wollen die verkaufen.

  Anni: Sorry. Zucker geht gar nicht. Da gebe ich Solveig hat recht. Als Förderverein der Wichtel-Kita haben wir auch Vorbildfunktion. Aber man kann den Zucker ja wahrscheinlich mit naturbelassenem regionalen Imker-Honig ersetzen, oder Kathi?

Caro: Volle Zustimmung für Anni und Solveig. Und denkt dran, dass wir uns als vegane Kita verorten. Also keinen Teig mit Eiern bitte. Ist selbstverständlich, oder?

    Kathi: ??? Dann geht kein einziges der schönen alten Rezepte. :-(

145

Sören: Neue Rezepte ausprobieren macht doch auch Spaß. Wir hatten da kürzlich so leckere Dinkelplätzchen. Muss meine Mutter mal nach dem Rezept fragen.

Anni: Nochmal sorry. Aber Dinkel, Weizen, Roggen, Hafer, Gerste etc. sind nicht glutenfrei. Und auch da wollen wir doch eine Vorbildfunktion einnehmen.

Solveig: Anni, top! Du denkst an alles.

Sören: Häh? Und mit was kann man dann überhaupt noch backen?

Solveig: Maismehl, Mehl aus Hirse, Buchweizen oder Amaranth... da gibt es so viele Möglichkeiten. Alles kein Problem.

Caro: Genau, Hauptsache kein Zucker, keine Kuhmilch oder Eier und kein glutenhaltiges Getreide.

Sören: Dann haut mal Rezepte raus.

Anni: Backen wollte doch eigentlich Kathi. Huhu Kathi! Winkewinke, sag mal was.

Kathi: Bestes Rezept ist Buchweizenkeks mit Wasser und nix.

146

Caro: Hallo? Biste jetzt beleidigt?

> **Kathi:** Nee, bloß irritiert. Ich meine, wir wollen das Zeug VERKAUFEN! Das muss SCHMECKEN! Und zwar weihnachtlich...

Anni: Dafür gibt es ja die Gewürze. Kardamom, Zimt, Nelke....

> **Justus:** Wir haben da so'n Bratfisch-Gewürzsalz im Schrank stehen....

Solveig: Erst meldest du dich gar nicht, Justus, und dann ein doofer Joke. Warum hast du dich für Standdienst eingetragen?

> **Justus:** Sorry, wenig Zeit, macht ihr mal.

(JUSTUS HAT DIE GRUPPE VERLASSEN)

> **Anni:** Also Kathi, versuchst du dich jetzt an einem neuen Rezept?

Caro: Man könnte Kichererbsenmehl nehmen oder Quinoa. Zertifizierter Kakao aus nachhaltigem Anbau kann ein wenig rein. Nur nicht zu viel. Der schokoladige Geschmack fixt Kinder an und dann sind die schneller auf Nutella als man gucken kann.

Solveig: Nutella??? Nüsse verbieten sich von selbst wegen der Allergien, das sollte doch klar sein.

Caro: Das war ein humorvoller Spruch. Wo ist denn eigentlich Kathi? Eröffnet hier eine Gruppe und meldet sich dann nicht mehr ...

Kathi: Ach, lasst uns lieber einen Glühweinstand machen. :-) :-)

Sören: Das ist eine glänzende Idee! Hat weniger Aufwand in der Vorbereitung.

Caro: Stimmt. Glühwein geht immer.

Anni: Bin dafür.

Solveig: Becher können wir sicher ausleihen, geht also klar.

Kathi: Moment. Aber kein GlühWEIN! Da ist Alkohol drin. Wenn, dann ausschließlich Kinderpunsch.

Solveig: Nee, Kathi, was bist du denn für 'ne Spaßbremse?

Anni: Guter Wein ist ein sehr natürliches Lebensmittel.

Kathi: ALKOHOL ist ungesund.

Sören: ...aber vegan. Und glutenfrei.

Caro: Kathi, jetzt stellst du dich aber an. Wir wollen das Zeug ja schließlich VERKAUFEN. Und beim Weihnachtsmarkt ist Glühwein der Renner.

Solveig: Genau. Kathi - hast du ein gutes zuckerfreies Glühweinrezept?

Jenny: Hiho! Hab gerade gesehen, dass ich in der Gruppe bin. Worum geht es?

Caro: Um den Glühweinstand beim Weihnachtsmarkt. Erlös ist für den Förderverein der Wichtel-Kita.

Jenny: Klasse. Glühwein ist lecker. Wollen wir auch Plätzchen backen? Ich hab tolle alte Rezept von meiner Mama.

Solveig: Das mit den alten Plätzchenrezepten muss ich dir noch eben erläutern. Da haben wir Probleme. Also pass auf:

(KATHI HAT DIE GRUPPE VERLASSEN)

Bürokratie

Claudia Rimkus

Der Weihnachtsmann ist arg frustriert
über das, was neuerdings passiert.
Die Bürokratie bremst ihn jetzt aus,
wahrscheinlich auch den Nikolaus.

Datenschutz und AGB
braucht kein Mensch in Eis und Schnee.
Am Nordpol sieht man das entspannt,
hat Formulare längst verbannt.

Doch kaum erreicht man die EU,
schüttet man Reisende damit zu.
Ein Antrag dort und einer hier,
für alles gibt es ein Papier.

Die Vorschriften für den Import
hat Santa seither auch an Bord.
Der Arme hat ja keine Wahl,
das ärgert ihn doch kolossal.

Er soll die Gaben deklarieren,
bevor die Grenzen sie passieren.
Und den genauen Wert angeben
sowie die Rechnungen beilegen.

Sonst muss er zu diesen Qualen
obendrein noch Zoll bezahlen.
Begleitpapiere bei sich führen
und begleichen die Gebühren.

Der Mann in Rot kann es nicht fassen,
wie soll das auf sein Fahrzeug passen?
Kisten mit sinnlosen Unterlagen,
die Rentiere werden sich beklagen

über das immens gestiegene Gewicht,
unter dem der Schlitten fast zerbricht.
Sie würden ihn um Verstärkung anflehen,
um mit elf statt neun auf die Reise zu gehen.

Und einen Pass, den braucht er nun auch.
Was ist das für ein unnötiger Brauch?
Von Kontrollen war er niemals betroffen.
Bislang waren alle Schranken für ihn offen.

Noch etwas soll sich künftig ändern,
er soll bei den Besuchen gendern.
Diverse und auch sonstige Leute
soll extra er benennen heute.

Aus Weihnachtsmann wird Weihnachtsperson,
das ist doch wohl der blanke Hohn.
Wer hat sich das nur ausgedacht
und all das auf den Weg gebracht?

Wie soll er den Datenschutz anwenden,
wenn Kinder Wunschzettel versenden?
Ohne Namen und genaue Adressen
kann er die Paketzustellung vergessen.

Den Weihnachtsmann zu reglementieren,
dagegen muss er scharf protestieren.
Er braucht freie Fahrt in der Heiligen Nacht
bei der Lieferung seiner Geschenkefracht.

Wie soll es sonst pünktlich für alle auf Erden
ein unvergessliches Weihnachtsfest werden?
So überlegt er und setzt auf ein Schreiben:
Es möge doch bitte genauso bleiben,

wie in all den vielen Jahren,
die er durch die Nacht gefahren,
um den Menschen Freude zu machen,
belohnt mit glücklichem Kinderlachen.

Während er noch frustriert am Nordpol verweilt,
wird eine Ausnahmegenehmigung erteilt.
Der Weihnachtsmann und der Nikolaus
dürfen weiter problemlos von Haus zu Haus.

Diese Entscheidung ist grandios
und die Freude riesengroß.
Davon hört der Osterhase
und rümpft seine Schnuppernase.

Auch er hat neue Vorgaben erhalten
und soll nun seine Produktion verwalten.
Genaue Angaben, von welchem Huhn
er würde Eier in die Körbchen tun.

Der Osterhase holt sich Rat
beim alten Mann mit dem weißen Bart.
Der gibt ihm, das ist doch wohl klar,
ein Sonderantragsformular.

Der beste Vater

Bettina Reimann

Den ganzen Nachmittag hatte Mimi traurig gewirkt. Ihre Mutter Marie wusste genau warum: Das erste Weihnachten ohne den Vater. Sie hatten sich getrennt. Thomas beschloss, mit seiner Neuen den Egotrip seines Lebens zu unternehmen - eine Weltreise im Van. Ein ganzes Jahr lang würde die Villa, in der sich ihre Praxen befanden, nun wieder Marie allein gehören. Sie war mit Mimi aus der Wohnung ausgezogen, doch ihre Tierarztpraxis befand sich noch im gemeinsamen Haus, genauso wie die Ergotherapiepraxis, die Thomas jetzt vermietet hatte. Er war soweit fort, dass keine Chance bestand auf einen Spontanbesuch bei Mimi.

Welche Überraschung, als kurz nach Einbruch der Dunkelheit an Heiligabend der Weihnachtsmann an der Tür läutete. Mimi juchzte auf, als sie hörte, was der fremde Mann mit dem etwas zotteligen weißen Bart sagte:

»Ich komme von deinem Vater und er lässt dir sagen, dass er immer an dich denkt, die ganze Weltreise lang.« Dann packte Mimi ihre Geschenke aus. Das Buch, das sie sich gewünscht hatte. »Oh klasse Mama! 'Merles mystische Abenteuer' von Stephanie Domaschke! Alle meine Freundinnen sagen, das Buch ist toll.«

Sie packte die schöne Kugelbahn mit Looping aus, die sie neulich in einem Schaufenster gesehen hatte.

»Guckmal, Mama, woher hat Paps das gewusst, er war doch gar nicht dabei, als wir Schaufensterbummel gemacht haben!«

»Der Weihnachtsmann weiß alles«, ersparte der Geschenkebringer Marie eine Antwort.

Und dann öffnete Mimi das letzte kleine Paket. »Ein iPhone Mama, ein echtes iPhone! Dabei war Paps doch immer dagegen!«

»Dann hat er wohl die Meinung geändert, weil er dich so lieb hat.« Marie nahm ihre neunjährige Tochter in den Arm, die vor Freude weinte. Besser so. Warum sollte sie ihren Vater schlecht in Erinnerung behalten? Der Weihnachtsmann las noch einen kleinen Brief vor: »Süße Mimi, deinen Talisman werde ich immer direkt an meinem Herzen tragen«, stand dort. »Und abends, wenn du zu Bett gehst, dann schau aus dem Fenster und stell dir vor, dass ich irgendwo auf der Welt gerade sage ‚Gute Nacht meine Mimi‘.«

»So schön hat mir Paps noch nie etwas geschrieben«, seufzte Mimi und Tränen liefen ihr über die Wange.

Nein, Thomas hätte Mimi nie so lieb geschrieben. Marie musste kaum lügen in diesem Brief - der Talisman lag tatsächlich für immer auf Thomas Herz. Allerdings würde er nie mehr ‚Gute Nacht meine Mimi‘ sagen. Einen schnöden Hunderter hatte Thomas Marie zugesteckt, als er sich kühl verabschieden wollte, um mit seiner Freundin im alten VW-Bus ganz hippiemäßig zu seiner Weltreise zu starten. »Kauf Mimi was zu Weihnachten.« Es war dieser eine Satz, der das Fass zum Überlaufen brachte: »Aber nimm das Geld nicht als Anzahlung für ein iPhone.« Was ging es Thomas noch an? Die Spritze in Maries Hand, aufgezogen mit einem Einschläferungsmittel für ein Pferd, fand ihren Weg fast von allein in seinen Hals.

Er schaute entgeistert. Gesagt hatte er nichts mehr.

Seiner Freundin, die im Hof noch Sachen in den Van packte, blieb nicht mal ein entgeisterter Blick. Marie griff von hinten an.

Sie war froh, dass es diesen alten Kriechkeller unter dem Gartenschuppen gab und die hintere Garage, in der sie den Van erstmal deponieren konnte. Thomas, seine Neue und die Weltreise im Van waren drei Tage vor Weihnachten ein abgeschlossenes Kapitel.

Niemand würde nach ihnen fragen - ein ganzes Jahr lang. Überall hatten sie geprahlt, ohne Smartphone und Laptop unterwegs sein zu wollen. Und auf dem Grundstück der Villa hatte nur sie etwas zu suchen.

Von den 5000 Euro Bargeld aus Thomas Brustbeutel würde Mimi auch ein tolles Ostergeschenk und ein schönes Geburtstagsgeschenk bekommen. Marie hatte stattdessen Mimis Talisman dort deponiert, den Thomas lieblos in der Schlüsselschale im Flur vergessen hatte.

»Papa ist einfach der Beste.« Mimis Augen leuchteten, als sie den Weihnachtsmann verabschiedet hatten, und begannen, die Kugelbahn aufzubauen.

Marie nickte. Ja, so war es. Ein Vater, der sein Kind nie wieder enttäuschen konnte, war der beste Vater. Ein Kind, das an Weihnachten glücklich war. Marie wusste, sie hatte alles richtig gemacht. Alles Weitere würde sich finden. Ein Jahr war lang.

Dornröschen

**Claudia
Rimkus**

Schon immer ist es so gewesen,
im Advent viel vorzulesen.
Märchen sind da sehr beliebt,
wovon es ja 'ne Menge gibt.

Mir fiel spontan Dornröschen ein,
des Königs lieblich Töchterlein.
Verflucht von einer bösen Fee,
das war nicht gut, oh je, oh, je.

Mit Fünfzehn sollt der Tod es ereilen,
die letzte Fee konnt noch dran feilen
und verwandelte diesen Bann
in hundert Jahre Schlaf sodann.

Als schließlich war die Zeit gekommen,
hat Bruder Schlaf es mitgenommen.
Dazu den Hofstaat mit den Tieren,
niemand konnte mehr agieren.

Schönheitsschlaf war folgerichtig,
auch im Märchen äußerst wichtig.

Doch hundert Jahre, meine Lieben,
war wohl reichlich übertrieben.

Nach Ablauf dieser langen Zeit
stand auch schon ein Prinz bereit.
Er küsste das Dornröschen wach
das Mädel wurde sofort schwach.

Kaum waren alle wieder munter,
haute der Koch dem Lehrling eine runter.
Das Feuer im Herd fing an zu flackern,
im Hof hörte man die Hühner gackern.

Es wurde nicht lang rumgeeiert,
und die Hochzeit bald gefeiert.
Wie es im Märchen Usus war,
lebten sie glücklich Jahr um Jahr.

Ob bis zum Ende ihrer Tage,
stellt sich nun zum Schluss die Frage.
Wie lange hielt das Liebesband?
Das ist mir leider nicht bekannt.

Aufgabentausch

Claudia Rimkus

Die monatliche Dienstbesprechung der Führungskräfte fand wie gewohnt im Hause des Weihnachtsmanns statt. Diesmal ohne den Nikolaus, der dem Ende nahe mit einem leichten Schnupfen das Bett hütete.

Vor dem knisternden Kaminfeuer saßen der Hausherr und der Osterhase in bequemen Ohrensesseln bei fruchtigem Punsch zusammen und diskutierten über Personalfragen, interne Probleme und Preiserhöhungen der Zulieferer.

Besonders die dünne Personaldecke bereitete beiden Sorgen. Auf lange Sicht war dadurch die pünktliche Eier- und Geschenkelieferung zum Oster- und Weihnachtsfest gefährdet. »In meiner Abteilung wirkt sich das am meisten aus«, behauptete der alte Mann mit dem weißen Bart. »Ende November nehmen immer mehr Wichtel Urlaub oder melden sich krank, um bei Amazon oder einem Paketdienst auszuhelfen. Die Entlohnung dort ist immer noch höher als in der Wichtelwerkstatt. Mein Budget ist knapp bemessen.«

»In der Eierbranche sieht es nicht besser aus«, schloss sich Meister Lampe an und strich über seine langen Schnurrhaare. »Wir haben kaum noch Nachwuchskräfte, obwohl wir mit bis zu 20 Jungen im Jahr zu den fruchtbarsten Tieren zählen.«

»Der Personalmangel macht sich leider überall bemerkbar. Vielleicht sollten wir enger zusammenarbeiten. Immerhin liegen unsere Auslieferungstage weit auseinander. Dann müssten meine Wichtel beim Eierbemalen und wenn nötig auch beim Verstecken helfen und deine Hasenschar bei Geschenkeherstellung und Lieferung.«

Heftig schüttelte sein Gegenüber den Kopf, wodurch die langen Ohren flogen und sich fast verhedderten.

»Das klappt nie, Alter! Deine Wichtel sind vielleicht handwerklich geschickt, aber künstlerisch unbegabt. Und für das Eierverstecken braucht man auch ein besonderes Talent.«

Der Weihnachtsmann hakte die Daumen hinter seine roten Hosenträger.

»Nun gib mal nicht so an, Kleiner. Das kann doch jeder.«

»Von wegen. An die ausgeprägten Sinne von uns Hasen reichen deine Wichtel bei weitem nicht heran. Bewegungssehen und Rundumsicht sind bei meinesgleichen nicht nur hervorragend, sondern in unserem Beruf dringend notwendig. Dazu sind unser Gehör- und Geruchssinn gut ausgebildet. Das alles fehlt dir und deinen Wichteln.«

»Du tust gerade so, als wären die Begabungen der Weihnachtsarbeiter unzureichend«, monierte der Bärtige. »Ich möchte dich mal sehen, wenn du meinen Job machen müsstest. Damit wärst du maßlos überfordert.«

»Ganz sicher nicht«, widersprach der Mümmelmann. »Du musst doch nur deine Mitarbeiter beaufsichtigen und dich zur Geschenkeverteilung an einem einzigen Tag im Jahr auf deinen Schlitten schwingen. So schwierig kann das nicht sein.«

»Du hast ja keine Ahnung. Schon die Lieferung an die richtigen Adressen ist aufwändiger, als ein bisschen über die

Wiesen zu hoppeln und hier und da mal ein Ei fallenzulassen. Dazu kommt das Winterwetter. Auch wenn es stürmt und schneit, muss ich pünktlich sein. Immerhin arbeite ich für ein jahrhundertealtes Unternehmen und nicht für DHL & Co.«

»Vergiss nicht die Logistik, die weltweit zu meinem Job gehört.«

»Zu meinem etwa nicht?«, erregte sich der Weihnachtsmann. »Hast du überhaupt eine Vorstellung vom Umfang der Wunschzettel heutzutage? Das ist Stress pur. Ich würde sofort mit dir tauschen.«

»Kein Problem«, ging Langohr darauf ein. »Lass uns das mal machen. Anschließend weiß hoffentlich jeder von uns die Arbeit des anderen etwas mehr zu schätzen.«

»Willst du das wirklich durchziehen?«

Nachdrücklich nickte der Hase.

»Hundert pro. Du darfst anfangen. In sechs Wochen ist Ostern. Ich gebe dir eine Liste, was noch alles im Vorfeld erledigt werden muss, bis du über die Wiesen hoppeln kannst. Vorsichtshalber werde ich dich im Auge behalten und notfalls eingreifen, damit das Osterfest in diesem Jahr nicht wegen Inkompetenz ausfallen muss.«

Statt einer Antwort verdrehte der Weihnachtsmann die Augen. Er würde diesem Eierverteiler schon zeigen, was in ihm steckte.

Zuerst musste sich der Weihnachtsmann um andere Kleidung kümmern. Das Outfit vom Mümmelmann konnte er nicht tragen. Da machte er sich keine Illusionen. Wie sollte sein runder Bauch in die Latzhose passen? Kurzerhand beriet er sich mit dem Chefwichtel. Der plädierte für rotgestreifte Bermudashorts kombiniert mit einem weiten weißen T-Shirt, das den Bauch kaschierte. Statt der schweren schwarzen Stiefel entschied sich der Weihnachtsmann für Flipflops, die in seiner Schuhgröße leider nur noch in pink vorrätig waren. Eine Mütze brauchte er nicht, da zu Ostern schon frühlingshafte Temperaturen herrschten. Kurzerhand griff er nach einer herumliegenden knallgrünen Basecap und setzte sie auf sein Haupt. Ungewohnt war der Korb auf dem Rücken. Mit dem Sack über der Schulter fühlte er sich wohler.

Kritisch betrachtete sich der Bärtige im Spiegel – und fand sein Outfit absolut lächerlich. Dennoch machte er sich auf den Weg zur Osterhasenwerkstatt, in der die Eier bemalt wurden. Der Osterhase hatte ihn dort schon angekündigt – als seinen Praktikanten. Das war ja wohl die Höhe! Nun musste er sich von den Malern auch noch Fragen nach dem Eiernachschub gefallen lassen. So blieb dem Weihnachtsmann keine andere Wahl: Damit alles wie am Schnürchen lief, musste er sich um die Eierlieferung kümmern. Mit dem Lageplan des nächsten Hühnerhofs in der Hand schlappte er los. Bei seiner Ankunft standen Schweißperlen auf seiner Stirn. Solche anstrengenden Wanderungen waren für einen Schlittenfahrer ungewohnt. Nach einem Rundblick über das Gewusel im Hof stieg er auf eine Holzkiste.

»Hört mal zu, Mädels«, wandte er sich mit erhobener Bassstimme an die Hühnerschar. »Ich bin der Haupteinkäufer für das diesjährige Osterfest und möchte eine Bestellung aufgeben. Es eilt.«

Aus der gackernden Menge löste sich ein etwas mageres Modell mit bunten Schwanzfedern und stellte sich als Haupthahn vor. Diese Bezeichnung kannte der alte Mann bislang nur von der Wasserversorgung im Weihnachtsdorf. Sei es drum. Die Eiermaler warteten auf Rohlinge. Und er war komplizierte Preisverhandlungen gewohnt. Er laberte den Haupthahn so lange voll, bis der sich mit allem einverstanden erklärte. Schließlich wischte der Gockel sich den Schweiß aus dem Kamm. Der Osterhase sei schon ein schwieriger Verhandlungspartner, aber der Weihnachtsmann hätte noch bessere Konditionen herausgeschlagen als Meister Lampe.

Mit stolz geschwellter Brust unter seinem XXL-T-Shirt begab sich der Bärtige auf den Rückweg. In den nächsten Wochen überwachte er die Arbeit in der Hasenwerkstatt, kontrollierte die Eierlieferungen und orderte neue Farbtöpfe.

Der Tag der Hauptbewährungsprobe rückte unaufhörlich näher. Und dann war es soweit. In der Morgendämmerung verließ der Weihnachtsmann am Ostersonntag mit einem großen Korb voller bunter Eier auf dem Rücken das Hasenatelier. Anhand eines Ostereierverteilungsplans erreichte er den ersten Garten. Dort zweifelte er wegen seiner Statur daran, ungesehen aufs Grundstück zu kommen. Für den kleinen Meister Lampe war es kein Problem, im Schatten der bunten Blumen unsichtbar herumzuhuschen. Er selbst war dafür zu groß und zu schwerfällig. Am liebsten würde er die Eier einfach im hohen Bogen in die Beete oder hinter Büsche und Bäume werfen. Die Kinder würden sie schon finden. Andererseits hatte er einen Job übernommen, den er gewissenhaft ausführen wollte. Und das tat er auch. Trotz seiner schmerzenden Gelenke bückte er sich stundenlang und versteckte die Eier an allen möglichen und unmöglichen Stellen. Diese Arbeit war für jemanden in seinem hohen Alter echt beschwerlich. Er hätte längst in Rente gehen sollen. Aber auch hier mangelte es an einem Nachfolger. Insgeheim bedauerte er der Tausch mit dem Osterhasen. Noch nie hatte ihm abends der Rücken so sehr wehgetan.

Beim nächsten Treffen mit seinem Tauschpartner verkniff sich der Weihnachtsmann das Jammern und tat, als wären die vergangenen Wochen leicht zu bewältigen gewesen.

Das glaubte ihm der pfiffige Osterhase nicht.

»Pass nur auf, sonst verrutscht dein ABC-Pflaster«, spottete er, als der Weihnachtsmann sich in seinen Ohrensessel plumpsen ließ. »Man hat dein Stöhnen beim Eierverstecken kilometerweit gehört.«

»Na ja, das war wirklich ungewohnt und auch anstrengend für einen alten Knaben«, gestand er. »Es macht schon Sinn, dass ihr Kleinen dafür zuständig seid. Für euch ist die Entfernung zum Boden nicht der Rede wert.«

»Trotzdem hast du dich tapfer geschlagen.«

»Aber eins muss ich klarstellen: Ich war nicht dein Praktikant.«

Der Osterhase grinste.

»Dann eben ein Leiharbeiter – sogar ein recht brauchbarer.«

»Bald bist du an der Reihe«, lautete die versöhnliche Antwort. »Spätestens Ende August musst du aus der Sommerfrische zurück sein und deinen Dienst bei uns antreten. Sonst können wie es nicht schaffen, die vielen Wunschzettel abzuarbeiten.«

Nach seinem Urlaub in der schönen Landschaft rund um das Steinhuder Meer meldete sich Meister Lampe pünktlich im Weihnachtsdorf.

Am Nordpol war es kalt. Deshalb brauchte er zunächst ein neues Outfit. Die Klamotten, die ihm der Weihnachtsmann zurechtgelegt hatte, konnte er vergessen, weil darin zehn von seiner Hasensorte Platz haben würden. Nach kurzem Überlegen ließ er sich in der Wichtelwerkstatt einen roten Mantel mit weißem Besatz maßschneidern. Die Stiefel des Alten betrachtete er naserümpfend. Sein empfindlicher Geruchssinn riet ihm eindringlich davon ab, seine Pfoten in diese Botten zu quetschen. Am liebsten lief er sowieso ohne Schuhwerk herum, sozusagen barpfot. Bei Minustemperaturen war das aber nicht ratsam. Seine Hinterläufe würden festfrieren. Das durfte er nicht riskieren. Ihm schwebten ohnehin keine Knobelbecher vor, wie der Weihnachtsmann sie trug. Stiefeletten waren leichter und eleganter. Kurz entschlossen ließ er sich von den Wichteln passgenaue Pfotletten anfertigen.

Zuletzt versuchte er die Mütze aufzusetzen, aber seine Ohren waren im Weg. Der Hase geriet in Versuchung, zwei Löcher in den Stoff zu schneiden und die Löffel durchzustecken. Dann würden sie allerdings eiskalt werden. Schließlich klappte er seine Lauscher weit nach hinten und stülpte die Mütze darüber. Nun rutschte sie ihm fast über die Augen. So zupfte er noch ein wenig daran herum, bis sie passte. Beim Betrachten seines Spiegelbilds lachte er vergnügt. Normalerweise würde er nicht mal zu Fasching so rumhoppeln. Egal, er würde die Vereinbarung einhalten und sich Mühe geben.

Der Mümmelmann war bereit und motiviert für seine neuen Aufgaben. Zunächst musste er Material für die Weihnachtswerkstatt beschaffen, das Einpacken der Geschenke und das Plätzchenbacken beaufsichtigen. Das alles meisterte er mit Leichtigkeit. Schwieriger war es, sich mit den Rentieren anzufreunden. Diese großen Biester nahmen ihn überhaupt nicht ernst. Zu allem Überfluss musste er sogar zu ihnen auf-schauen. Das ärgerte ihn. Eine Strategie musste her. Als moderner Hase nutzte er natürlich das Internet und startete eine Abfrage nach der bevorzugten Nahrung der Schlittenzieher. Anschließend bestellte er per Express eine Wagenladung Flechten, Beeren und Birkenblätter, mischte diese gut und verteilte sie auf neun große Körbe, die er hinter der Weih-nachtswerkstatt aufstellte. Zuversichtlich begab er sich zum Anführer der Herde.

»Wir müssen reden, Rudi.«

»Worüber?«

»Wie du weißt, vertrete ich den Weihnachtsmann in diesem Jahr. Damit alles wie gewohnt klappt, müssen wir zusammenarbeiten. Euer Chef ist mächtig stolz auf seine Rentiere. Und lobt in den höchsten Tönen, wie zuverlässig ihr seid. Vorübergehend gehöre ich ja jetzt auch zum Team. Deshalb möchte ich heute meinen Einstand geben und euch zu einem Buffet einladen.«

»Eibrötchen stehen aber nicht auf unserem Speiseplan.«

»Selbstverständlich habe ich daran gedacht.« Freundlich schaute er den Rudelführer an. »Trommel mal deine Herde zusammen. Wir treffen uns in einer halben Stunde hinter der Werkstatt.«

Wie vermutet kam der gemischte Salat bei den Rentieren gut an. Jedes einzelne freute sich, einen ganzen Korb voller Lieblingspflanzen für sich allein zu haben. Sie lobten den Osterhasen und nahmen ihn in ihrer Runde auf. Am Tag vor dem Heiligen Abend wurde der Schlitten mit Geschenken vollgepackt. Gleich nach dem Frühstück spannten die Wichtel die Rentiere an. Die Reise konnte beginnen.

Meister Lampe war nicht begeistert, mit einem schweren Sack auf den Dächern herumzuturnen. Bei jedem Schornstein musste er zunächst den Kopf in die Öffnung stecken. Je nachdem, wie sehr sich seine Barthaare bogen, konnte der Mümmelmann abschätzen, ob sein Körper noch hindurchpassen würde. Hinzu kam der umfangreiche Sack. Manchmal war das Einsteigen in den Kamin sehr beengt. Dann fürchtete er, womöglich steckenzubleiben. Erleichtert atmete er jedes Mal auf, wenn er in der Stube ankam. Das war Stress pur. Als Naturliebhaber machten ihm außerdem Ruß und Staub zu schaffen. Ständig musste er husten oder niesen und sich den Dreck aus dem Fell klopfen. Ihm war unbegreiflich, wie der Weihnachtsmann diesen Lieferweg trotz seiner Körperfülle bewältigte. Bei seinen guten Beziehungen nach ganz oben hatte der Alte bestimmt himmlische Unterstützung.

Als sämtliche Pakete verteilt waren, traten die Rentiere mit dem Aushilfsverteiler die Rückreise an. Der Osterhase lehnte sich erschöpft auf dem Schlitten zurück und schloss die Augen.

Am Nordpol wurde er schon vom Weihnachtsmann erwartet.

»Du siehst total fertig aus, Freund Hase. Das Geschenkeausliefern war wohl doch anstrengender, als du dachtest.«

»Aber nur weil ich es nicht gewohnt bin, in luftiger Höhe zu arbeiten. Und diese dreckigen Schornsteine sind auch nicht mein Fall.« Er schüttelte sich, wobei er einige dunkle Sprenkel im Schnee hinterließ. »Ich brauche jetzt erstmal ein heißes Bad.«

»Das hast du dir verdient. Wie ich von meinen Rentieren hörte, hast du einen guten Job gemacht.«

»Notgedrungen. Aber du bist besser für das Weihnachts-geschäft geeignet.«

»Und du für das Fest im Frühjahr.«

Für den Osterhasen und den Weihnachtsmann war es eine lehrreiche Erfahrung, in den Aufgabenbereich des anderen einzutauchen. Der Respekt voreinander wuchs. Beide waren jedoch froh, im nächsten Jahr wieder ihrem gewohnten Job nachgehen zu dürfen. Damit kannten sie sich bestens aus.

168

Spezialitätenpfanne

Bettina Reimann

Flora Kamphusen liebte Weihnachtsmärkte. Schon als Kind hatte sie Freude daran, mit den Eltern über den großen hannoverschen Markt in der Altstadt zu stromern und natürlich gab es auch das obligatorische Foto, bei dem sie scheu und erstaunt einen Weihnachtsmann anstarrte, der ein gütiges Dauergrinsen auf dem Gesicht zeigte.

Die Anfrage, ob sich »Blumes Rittersaal« an einem Gemeinschaftsstand von Betrieben aus dem Aller-Leine-Tal beteiligen wolle, war für sie rasch positiv beantwortet. Ihre Eltern, die das Restaurant zwischen Ahlden und Rethem führten, hatten skeptisch reagiert, schließlich waren die Weihnachtsfeiern im Rittersaal schon Stress genug.

Doch Flora setzte sich durch und musste dafür versprechen, an den meisten Öffnungstagen den Standdienst zu übernehmen. Glücklicherweise hatte ihr Großvater Carsten Blume, Kriminalhauptkommissar im Ruhestand, Lust, ebenfalls die »Ahldener Spezialitätenpfanne« mit Champignons und Kartöffelchen in einer exzellenten Rahmsauce nach Art des Hauses an hungrige Kundschaft zu verteilen.

Zusammen mit einer Imkerin, einer Ziegenkäserei und der Tourismusorganisation warb die Familie Blume-Kamphusen nun alltäglich für das Ausflugsgebiet vor den Toren der Region Hannover. Flora fand eine Menge Spaß daran und Carsten Blume wurde so manches Mal von Menschen angesprochen, die ihn aus seiner Zeit im Polizeidienst der Landeshauptstadt kannten. Hauptkommissar Peter Flott kam mit seiner Lebensgefährtin, einer Tierärztin, gleich mehrfach, weil er die Spezialitätenpfanne so lecker fand. Er freute sich, die ehemalige Kollegin Charlotte Stern bei einer Stippvisite am Stand zu treffen und bekräftigte, den Polizeialltag an keinem Tag seit der Pensionierung vermisst zu haben.

Hagen Hoffmann liebte Weihnachtsmärkte. Schon als Kind hatte er Freude daran, mit den Eltern über den großen hannoverschen Markt in der Altstadt zu stromern und natürlich gab es auch das obligatorische Foto, bei dem er scheu und erstaunt einen Weihnachtsmann anstarrte, der ein gütiges Dauergrinsen auf dem Gesicht zeigte.

Obwohl er wusste, dass es ein Risiko war, zog es Hagen an diesen Ort seiner Kindheit. Es war verdammt lange her, dass er einen Fuß in die Landeshauptstadt gesetzt hatte. Er hatte sich verändert und doch fürchtete er, dass man ihn erkennen könnte.

Seinen »Beruf« hatte er an den Nagel gehängt und bekräftigte allen Freunden, die Arbeit an keinem Tag seit der »Pensionierung« vermisst zu haben. Er gönnte sich Schmalzkuchen, einen Glühwein und hatte dann Appetit, ebenfalls die »Ahldener Spezialitätenpfanne« mit Champignons und Kartöffelchen in einer exzellenten Rahmsauce »nach Art des Hauses« zu probieren, die von einer jungen Frau an die hungrige Kundschaft verteilt wurde.

Ausgesprochen lecker. Hagen Hoffmann hatte bisher niemanden gesehen, der ihn aus seiner Zeit als Krimineller in der Landeshauptstadt kannte.

Carsten Blume überließ Flora den Stand, als gerade nicht so viel los war und schlenderte durch die Budengassen. Er brauchte einen Glühwein und Schmalzkuchen, denn es machte Appetit auf Süßes, wenn man schon seit Stunden in einer aromatischen Dunstwolke pikanten Essens gestanden hatte.

Mit dem Glühweinbecher in der Hand drehte er sich um und sah ein Gesicht am Ahldener Gemeinschaftsstand, das ihm vage bekannt vorkam. Er grüßte nickend in die Richtung des Fremden, der den Gruß nicht erwiderte.

Hagen Hoffmann genoss den Geruch des pikanten Gerichtes, auf das er nach Schmalzkuchen und Glühwein jetzt richtig Appetit hatte. Mit dem Schälchen in der Hand drehte er sich um und sah am Getränkestand gegenüber ein Gesicht, das ihm vage bekannt vorkam. Der Mann grüßte nickend in seine Richtung. Hagen Hoffmann erschrak und verzog sich schnell in die Gegenrichtung.

War das Risiko, sich hier aufzuhalten auch nach mehr als einem Jahrzehnt doch zu groß? War es etwa ein ehemaliger Kunde der Bank, in der er den seriösen Teil seines Berufslebens verbracht hatte, der ihn gerade grüßte?

Carsten Blume blickte dem Fremden nach und merkte, dass ein unterschwelliges Kribbeln den Anblick begleitete. Das war kein flüchtiger Bekannter. Dieses Gesicht ... er kannte es aus einem Zusammenhang, der ihm jetzt auf einmal glasklar vor Augen stand. Den Glühwein stürzte Carsten in einem langen Zug herunter, bevor er die Verfolgung aufnahm. Doch der Mann, dessen Gesicht er von vielen Vernehmungen kannte, war verschwunden.

Hagen Hoffmann sah aus dem Schutz eines dunklen Winkels neben einer Bude auf den Mann, der ihn gegrüßt hatte und merkte, dass ein unterschwelliges Unwohlsein den Anblick begleitete. Das war kein ehemaliger Kunde. Dieses Gesicht ... er kannte es aus einem Zusammenhang, den er nur zu gern vergessen hätte. Er aß gierig die letzten Happen der Spezialitätenpfanne, bevor er sich in die Menge mischte, um darin unauffällig aufzugehen. Ein paar Buden weiter drückte er sich wieder in das Dunkel zwischen zwei hölzernen Bauten. Doch der Mann, dessen Gesicht er von den vielen höchst unangenehmen Vernehmungen kannte, tauchte nicht wieder auf. Wie hieß der Kommissar noch gleich? Der Name fiel ihm nicht mehr ein. Es war zu lange her und sein schlechtes Namensgedächtnis begleitete ihn seit seiner Jugend.

»Flora, du musst allein klarkommen.« Carsten sprach aufgeregt. »Ich hab gerade jemanden erkannt, nach dem die hannoversche Polizei seit mehr als einem Jahrzehnt fahndet. Ich muss die Kollegen informieren.«

»Wie sieht er aus? Wohin ist er verschwunden?« Flora band bereits ihre Schürze mit dem Logo von Blumes Rittersaal ab. »Denk ja nicht, dass du einen Cold Case ohne mich löst.«

Da war es wieder, Carsten Blumes ewiges Dilemma. Seine Enkeltochter, eine umtriebige Journalistin, hatte mit ihm nun schon drei Kriminalfälle im Aller-Leine-Tal gelöst. Fälle, bei denen die dortige Polizei einfach Hilfe benötigte. Nie hatte er sich aufgedrängt. Doch Flora hätte er am liebsten aus allem herausgehalten. Auch jetzt. Hagen Hoffmann war ein Betrüger, der viele Anleger um ihr sauer verdientes Geld gebracht hatte und dessen Taten ihm erst bewiesen werden konnten, als er sich längst ins Ausland abgesetzt hatte. Doch bevor Hoffmann verschwand, hatte er seinen Mittäter erschossen. Und damit war seine Chance, dass er Hannover je wieder betreten konnte, ohne verhaftet zu werden, passé. Mord verjährt nicht.

»Du bleibst hier am Stand«, rief er Flora zu, während er schon eine Nummer aus seinem Handyspeicher aufrief. Flora ärgerte sich diebisch, dass ihr Großvater sie mal wieder nicht in Ermittlungen einbeziehen wollte. Für den Rest des Abends war ihr die Laune vergangen.

Hagen Hoffmann, der sich gerade noch so wohl gefühlt hatte in seiner ehemaligen Heimatstadt, befand sich auf einmal wieder auf der Flucht. So hatte er sich das Heimkommen nicht vorgestellt. Er ärgerte sich diebisch, fast in die Fänge eines Ermittlers geraten zu sein. Für den Rest des Abends war ihm die Laune vergangen.

Und es war klar, dass er in seinem Hotel in Hannover nicht bleiben konnte. Wenn sie nach ihm suchen würden, eventuell mit einem alten Foto, auf dem man ihn doch wiedererkennen könnte, dann war er hier nicht mehr sicher. Auch nicht mit seinem neue Namen. Gut, dass er nur ein kleines Köfferchen mit Bekleidung im Hotel gelassen hatte. Die war ersetzbar. Doch wohin nun? Er war schließlich nicht ohne Grund in der Gegend, galt es doch, nördlich von Hannover den Teil der damaligen Beute auszugraben, die sein Kompagnon gut geschützt zurückgelassen hatte. Damals hatte die

Zeit nicht gereicht, er musste so schnell es ging das Land verlassen. Das galt auch jetzt, doch für die Nacht brauchte er eine Bleibe, denn das Waldgrundstück bei Lindwedel, auf dem sich die Beute verbarg, würde er nur im Hellen finden.

Der Flyer fiel ihm ein, den er am Stand mit der leckeren Spezialitätenpfanne eingesteckt hatte, kurz bevor er an der gegenüberliegenden Bude diesen Polizisten entdeckte.

»Blumes Rittersaal, Hotelrestaurant.« Das lag, so verriet ihm Google Maps, weit draußen auf dem platten Land. Gut für eine Übernachtung, wenn ein Zimmer frei war.

Er gab sich am Telefon als Geschäftsreisender aus, der spontan in der Gegend sei wegen eines Termins. Aber ja, gern würde man ihm ein Zimmer geben für die Nacht, Frühstücksbuffet inbegriffen.

Hagen Hoffmann, der jetzt laut Ausweis Herbert Heffner hieß, fuhr los. Auch wenn man in Hannover nach ihm fahndete, so schnell würde die Nachricht da draußen im friedlichen Flachland nicht ankommen. Und wenn alles gut ging, war er am nächsten Tag schon über alle Berge. Herbert Heffner würde über die offenen innereuropäischen Grenzen verschwinden und sich irgendwo ein abgelegenes Ferienhaus mieten, bis Gras darüber gewachsen war, dass man ihn vielleicht entdeckt hatte.

»Und vermutlich ist es eh falscher Alarm«, beruhigte er sich. Der Polizist hatte ja nur kurz freundlich in seine Richtung gegrüßt und möglicherweise keine Ahnung, wen er da gesehen hatte.

Am Rand des Weihnachtsmarktes, in der Nähe seines Wagens, beobachtete er, ob ein Polizeiaufgebot sichtbar würde, das auf eine Verfolgung hinwies. Doch alles blieb ruhig.

Hagen Hoffmann setzte sich in seinen unauffälligen silbergrauen Opel und verschwand über die Vahrenwalder Straße Richtung Autobahn. Auf ins Hotel »Blumes Rittersaal« - er sehnte sich nach einem starken Kaffee, den es dort sicher noch gab.

Gähnend kam er an der Restauranttür an und betrat den gut gefüllten Gastraum. Er ging zur Rezeption, an der die Wirtin ihm den Zimmerschlüssel aushändigte.

Carsten Blume ging das alles nicht schnell genug. Die Polizisten, die den Weihnachtsmarkt bewachten, bekamen zwar nun ein altes Fahndungsfoto Hoffmanns auf ihre Smartphones gespielt, doch mit Verstärkung war so schnell nicht zu rechnen. Ein Zweitbundesliga-Derby zwischen Hannover und Braunschweig band viele Polizeikräfte.

Wenn Hoffmann ihn auch erkannte hatte, war dem Betrüger und Mörder klar, dass er in Hannover nicht bleiben konnte. Er ahnte sicher, dass sie nach ihm suchen würden, mit einem alten Foto, auf dem man ihn doch wiedererkennen könnte. Also würde er sich hier nicht mehr sicher fühlen. Auch nicht mit einem neuen Namen.

Carsten Blume streifte noch eine Zeit lang über den Weihnachtsmarkt und beschloss dann frustriert, nach Haus zu fahren. In die Ermittlungen würden sie ihn, den Ruheständler, ohnehin nicht einbeziehen. Er verabschiedete sich von Flora, die noch immer sauer war, dass der Großvater ihr nicht mehr erzählt hatte.

Er setzte sich in seinen unauffälligen schwarzen Mercedes Kleinwagen und verschwand über die Vahrenwalder Straße Richtung Autobahn. Auf nach Hause - er sehnte sich nach einem starken Kaffee aus dem Vollautomaten in Blumes Rittersaal, den es dort immer gab.

Gähnend kam er an der Restauranttür an und betrat den gut gefüllten Gastraum. Er warf einen Blick auf die Rezeption, an der seine Tochter gerade einem Gast den Zimmerschlüssel ....

Carsten Blume trat den Rückzug an, schloss leise die Tür hinter sich und griff zum Smartphone.

Walsroder Zeitung vom 15. Dezember:

»Der Kriminalpolizei Walsrode gelang in der Nacht von Dienstag auf Mittwoch eine spektakuläre Verhaftung. Der seit mehr als zehn Jahren gesuchte Hagen H. wurde in seinem Hotelzimmer in Blumes Rittersaal festgenommen, nachdem Carsten Blume, Kriminalhauptkommissar im Ruhestand, seine Kollegen über die Anwesenheit des Gesuchten informiert hatte. Hagen H. wurde wegen Mordes und Betruges gesucht. Carsten Blume, der seine Beteiligung am Lösen der drei Mordfälle im südlichen Heidekreis in den letzten zwei Jahren stets herunterspielt, kann diesmal schwer leugnen, der Polizei zu diesem Fahndungserfolg verholfen zu haben. »Ich war wieder nur durch Zufall dabei, ob Sie's glauben oder nicht«, sagte er unserem Reporter. Die Frage, ob Blume eine höhere Aufklärungsquote habe als das gesamte Kommissariat Walsrode, ließ dessen Leiterin Grit Heinecke unbeantwortet.«

Flora Kamphusen schloss das E-Paper der Walsroder Zeitung. Da passierte endlich mal wieder etwas in der Gegend und dann verpasste sie die Verhaftung in ihrem eigenen Zuhause, weil sie währenddessen »Ahldener Spezialitätenpfanne« in Hannover unter die Leute brachte.

»Aber Flora, ohne deine Geschäftstüchtigkeit würde Hagen Hoffmann immer noch frei rumlaufen«, tröstete ihr Großvater die Enkeltochter. »Und eigentlich war es Michaels exzellentes Rezept für die Spezialitätenpfanne, das zur Verhaftung geführt hat. Hätte es ihm nicht geschmeckt, hätte er unseren Flyer sicher nicht mitgenommen.« Sein Schwiegersohn Michael Kamphusen, der immer Angst um die Familie hatte, wenn sie sich wieder in Mordermittlungen einmischte, tat empört. »Was? Wenn das so ist, koche ich nie wieder!«

Flora lachte und setzte noch einen drauf: »Jemand was dagegen, wenn ich unser Angebot auf dem Weihnachtsmarkt jetzt in 'Ahldener Verhaftungspfanne' umbenenne? Verhaftungen scheinen ja unsere Spezialität zu sein.«

Ist Weihnachten noch zu retten?

Claudia Rimkus

Im hohen Norden merkt man schon
die Auswirkung der Inflation.
Den Helferlein vom Weihnachtsmann
sieht man die Sorgen deutlich an.

Sie arbeiten tagein, tagaus,
auch für den guten Nikolaus.
Steigen sogar als Leiharbeiter
im Frühling auf die Hühnerleiter.

Der Osterhase fordert stetig an
die schnelle Truppe vom Weihnachtsmann.
Statt Päckchen packen, Eier malen -
ohne was dafür zu zahlen.

Wichtelmädchen und auch -knaben
wollen auch was davon haben,
dass sie schuften für die drei,
bislang kommt echt nichts rum dabei.

Obwohl im Weihnachtsdorf sie wohnen,
sollt' die Mühe sich schon lohnen.

Kost und Logis sind für sie frei,
als Ausgleich für die Hetzerei.

Das Taschengeld kann man vergessen,
denn es ist sehr knapp bemessen.
Damit kommt man gar nicht weit
in dieser wirklich teuren Zeit.

Einmal in die Disco gehen
und sich zum heißen Rhythmus drehen.
Pizza oder Pommes kaufen,
vielleicht sogar mal richtig saufen.

Und die kleine Wichteline
hätt gern 'ne eigene Nähmaschine.
Wünsche gibt es hier zuhauf,
niemand hat das Geld zum Kauf.

So fassen sie dann den Entschluss,
dass es besser werden muss.
Ein Betriebsrat müsste her,
das erweist sich als nicht schwer.

Kandidaten sind schnell gefunden,
und gewählt in ein paar Stunden.
Den Vorsitz hat der kluge Jan,
der am besten formulieren kann.

Er zählt zu den Weihnachtselfen,
die stets in der Werkstatt helfen.
Die Sitzung wird rasch anberaumt,
darüber auch der Rudi staunt.

Er und seine Rentierherde
flitzen einmal um die Erde.
Der Lohn dafür ist nicht gerecht,
sondern ausgesprochen schlecht.

Frisches Heu, ein warmer Stall
das genügt auf keinen Fall.
Flechten, Blumen, Pilze, Rinden
sind am Nordpol nicht zu finden.

Für reibungsloses Funktionieren,
muss man die Nahrung importieren.
Denn Abwechslung im Speiseplan
gibt viel Kraft und auch Elan.

Natürlich muss es bio sein,
alles andere wär' nicht fein.
Für ein gelungenes Weihnachtsfeste,
erwarten sie das allerbeste.

Gesunde Kost ist leider teuer,
hinzu kommt noch die Mehrwertsteuer.
Zu lang verzichten sie nun schon,
jetzt fordern sie den Mindestlohn.

Kobolde schließen sich an und Trolle,
zuletzt sogar noch die Frau Holle.
Fürs schöne Weihnachtsfest auf Erden
wollen sie entlohnt nun werden.

Sie treffen zusammen in alter Frische,
beim Weihnachtsmann an einem Tische
und tragen ihre Wünsche vor.
Der alte Mann, der ist ganz Ohr.

Neben ihm sitzt der Nikolaus,
dem fallen fast die Augen raus.
Was denken sich diese Gesellen,
solche Forderungen zu stellen?

Und auch der Hase ist empört,
so was hat er noch nie gehört.
Dieser Job ist eine Ehre,
hier geht es nicht um die Karriere.

Nicht um Ruhm und nicht um Geld,
nur um die Freude auf der Welt,
wenn Kinder auf der Osterfeier
suchen die versteckten Eier.

Der Mümmelmann, der hat gut reden,
besitzt 'nen Urlaubsbau in Schweden.
Unter einer Blumenwiese
turtelt er mit seiner Liese.

Und auch der gute Nikolaus,
geht nicht oft von Haus zu Haus.
An nur einem einzigen Tag
erledigt er den Großauftrag.

Füllt die Stiefel und die Schuh,
legt noch ein Geschenk dazu.
Danach hat er nichts mehr zu tun,
hat viel Zeit, sich auszuruh'n.

Und was ist mit dem Weihnachtsmann?
Als Chef hat er die Hosen an.
Verantwortlich für all die Sachen,
die Elfen und auch Wichtel machen.

Schleppt trotz schmerzender Gelenke
Material für die Geschenke,
füttert auch ganz unverdrossen
Rudi und seine Artgenossen.

Teilt Arbeit in der Werkstatt ein,
liest Wunschzettel von Groß und Klein.
Muss Säcke mit den Gaben packen,
beaufsichtigt das Plätzchenbacken.

Die Reiseroute legt er fest,
ohne Navi er den Pol verlässt.
Und jetzt soll er sich noch befassen
mit Lohn, Gehalt und leeren Kassen?

Dazu hat er weder Zeit noch Lust,
allmählich packt ihn nun der Frust.
Er schindet sich jahraus, jahrein
für der Menschen Kinderlein.

Seinen Job, den liebt er sehr,
und ist der Sack auch noch so schwer.
Obwohl er auf seine alten Tage
nicht viel verdient mit dem Geplage.

Dennoch ist er stets zufrieden
mit dem Lohn, der ihm beschieden.
Dass Kinderaugen glücklich strahlen,
kann man nicht mit Geld bezahlen.

Trotzdem ist ihm eines klar,
es ist nicht mehr, wie es einst war.
In dieser Zeit ist man ganz schnell
ein veraltetes Modell.

Aus diesem Grund wär' es fatal,
nicht ernstzunehmen das Personal.
Er darf auf keinen Fall riskieren,
seine Helfer zu verlieren.

Fachkräftemangel ist wohlbekannt
im weißen Weihnachtswunderland.
Wenn Elfen, Wichtel und die Trolle,
vielleicht sogar auch die Frau Holle

folgen würden einem Ruf
in einen anderen Beruf.
Dann gäb's auf Erden nie mehr Schnee,
Geschenke wären auch passee.

So überlegt der Weihnachtsmann,
was man denn nun machen kann.
Vor Jahren hat er schon kapiert,
am Nordpol wird eng kalkuliert.

Petrus, der das Gebiet verwaltet,
hat den Geldfluss knapp gestaltet.
Ob man Sponsoren könnte finden,
die sich zum Spenden überwinden?

Er fragt bei großen Firmen an,
wer ihn unterstützen kann.
Dort weiß man seine Arbeit zu schätzen,
kann Spenden von der Steuer absetzen.

Der Mann in Rot fasst wieder Mut,
die Verhandlungen laufen gut.
Dann hat er plötzlich zack zack, zack,
die Zusagen in seinem Sack.

Sein Personal ist höchst zufrieden,
kann Pläne für die Freizeit schmieden.
So sind die Wogen rasch geglättet
und Weihnachten ist auch gerettet.

Warten auf den Weihnachtsmann

Claudia Rimkus

Lilly wohnte mit ihren Eltern und vielen Tieren auf einem abgelegenen Hof zwischen Hemmingen und Ronnenberg. Von morgens bis abends gackerten die Hühner und auch die Gänse schnatterten den ganzen Tag. Im Sommer liefen sie überall auf dem Hof herum, aber jetzt im Winter waren sie im warmen Stall. Vormittags spielte Lilly mit ihrer Freundin Emma und den anderen Kindern in der Kita. Gestern hatten sie alle zusammen Strohsterne gebastelt, die sie mit nach Hause nehmen durften. Lillys Mama hatte sie vorsichtig in eine rot glitzernde Schachtel gelegt und versprochen, die Sterne später an den Weihnachtsbaum zu hängen. Aber bis dahin dauerte es noch ein paar Tage.

Lillys Papa war mit ihrem großen Bruder in den Wald gefahren, um eine Tanne auszusuchen. In diesem Jahr durfte Leon das erste Mal mitkommen. Der ging schon zur Schule. In die zweite Klasse. Natürlich wollte Lilly auch mitfahren. Wenn Papa dabei war, hatte sie keine Angst vor Monstern, die im Wald wohnten. Höchstens ein bisschen. Aber sie musste zu Hause bleiben, weil sie noch zu klein war. Pah! Sie war schon vier! Und kein Baby mehr! Baumfällen war Männersache, hatte Papa gesagt und Leon zugezwinkert. Das fand Lilly doof. Sie freute sich ganz doll auf Weihnachten. Schon vor Wochen hatte Oma ihr geholfen, einen Wunschzettel zu schreiben. Ganz oben auf der Liste stand eine Kinderküche.

An diesem Nachmittag schneite es heftig. Deshalb musste Lilly im Haus bleiben. Zuerst malte sie ein Bild von einem dicken Schneemann mit einer langen Mohrrübennase. Danach lief sie zum Zimmer ihres Bruders. Leon saß an seinem Schreibtisch.

»Spielst du mit mir?«

»Keine Zeit.«

»Mir ist aber langweilig.«

»Ich muss Hausaufgaben machen.«

»Und wenn du fertig bist? Wir können Memory spielen. Oder 'Tempo kleine Schnecke'.«

»Ne, ich will nachher lesen.«

»In deinem Harry Potter-Buch? Kannst du mir vorlesen?«

»Das ist nichts für kleine Mädchen.«

Wütend stampfte Lilly mit dem Fuß auf.

»Ich bin nicht klein!«

»Bist du doch«, behauptete Leon. »Sogar ein richtiger kleiner Angsthase.«

»Gar nicht!«

»Warum schleichst du dann jeden Abend zu Mama und Papa ins Bett?«

»Weil ... Weil nachts die Monster kommen.«

»Es gibt keine Monster. Oder hast du schon mal eins gesehen?« Lilly musste nicht lange überlegen. »Nein, aber wenn es dunkel ist, höre ich sie, wie sie ums Haus huschen.«

Lachend schüttelte ihr Bruder den Kopf.

»Das ist bloß der Wind. Das habe ich dir schon hundertmal gesagt. Und jetzt geh raus, sonst werde ich nie fertig.«

Nachdenklich tappte Lilly hinaus. Hatte Leon tatsächlich recht? War das wirklich nur der Wind, wenn es nachts wisperte und so komisch heulte, als würden Gespenster durch die Luft fliegen? Manchmal quietschte und knarrte es auch. Ihr Freund Paul aus der Kita hatte mal ein Buch mitgebracht. Darin waren zottelige Monster nachts durch einen Wald geschlichen. Das war ganz schön gruselig. Hier gab es auch einen Wald in der Nähe. Vielleicht wohnten dort auch so schreckliche Wesen.

»Lilly!«, hörte sie ihre Mutter rufen. »Wollen wir Plätzchen backen?« Sofort sauste sie die Treppe hinunter. In der Küche stand ihre Mutter am Tisch, auf dem der Teig schon ausgerollt war. Die Keksförmchen lagen daneben. Rasch band die Mutter ihr eine Schürze um – und schon konnte es losgehen. Geschickt nahm Lilly einen Ausstecher nach dem anderen, drückte ihn in den Teig und stach die verschiedenen Motive aus. Ihre Mama legte sie auf ein Backblech und schob es in den Ofen. Backen machte Lilly viel Spaß. Mehrere Bleche wurden an diesem Nachmittag fertig. Im ganzen Haus duftete es nach Vanille und Zimt. Einige Plätzchen verzierten sie mit Schokolade oder bunten Zuckerstreuseln. Bald waren 2 große Keksdosen gefüllt.

Als der Papa nach Hause kam, reckte er die Nase in die Luft. »Was riecht denn hier so gut?«

»Wir haben Plätzchen gebacken«, erzählte Lilly und fiel ihrem Vater um den Hals. »Bald ist Weihnachten.«

»Wirklich?« Papa machte ein erstauntes Gesicht. »Meinst du, der Weihnachtsmann besucht uns?«

»Der kommt doch in jedes Haus.«

»Vielleicht bringt er ja nur braven Kindern Geschenke.«

Daran hatte Lilly gar nicht gedacht.

»Mag er keine Kinder, die Angst vor Monstern haben?«, fragte sie vorsichtig, worauf der Vater die Schultern zuckte.

»Es gibt gar keine echten Monster«, sagte Lilly tapfer. »Was ich im Dunkeln höre, ist der Wind. Nur Babys haben Angst davor.«

Der Vater lächelte.

»Aber du bist kein kleines Mädchen mehr, oder?«

Lilly schüttelte heftig den Kopf.

»Ich schlafe jetzt auch immer in meinem Bett. Und nächstes Jahr fahre ich mit dir und Leon in den Wald, einen Tannenbaum holen.«

»Schau'n wir mal«, sagte ihr Papa und drückte ihr einen Kuss auf die Nasenspitze.

Wie jeden Abend saß die Mutter an Lillys Bett und las ihr eine Gute-Nacht-Geschichte vor. Kurz darauf war Lilly allein. Obwohl die Tür ein Stück weit offen stand, war es ziemlich dunkel im Zimmer. Nur ein schmaler Lichtstreifen fiel vom Flur herein.

»Ich habe keine Angst«, flüsterte Lilly, kniff die Augen ganz fest zu und drückte ihren Kuschelbären an sich. »Es gibt keine Monster.« Plötzlich knackte es von draußen laut. Erschrocken sprang Lilly auf und flitzte barfuß nach nebenan zu ihrem Bruder. Leon lag schon im Bett. Weil er älter war, durfte er noch eine halbe Stunde lesen.

»Hast du wieder Monster gehört?«, fragte er, als Lilly hereinstürmte und zu ihm unter die Bettdecke kroch. »Das ist nur der Wind.«

»Trotzdem ist es im Dunkeln unheimlich. Darf ich bei dir schlafen?«

»Ich habe eine bessere Idee.« Leon legte sein Buch auf die Matratze und stand auf. Aus seinem Schrank holte er etwas, das aussah wie ein Löwe. »Den hat mir Oma geschenkt, als ich klein war. Komm mit, Lilly.«

Rasch folgte sie ihrem Bruder in ihr Zimmer. Leon stellte den Löwen auf die Kommode neben dem Bett und drückte auf den Schalter, um die Batterien zu testen. Sie funktionierten noch. Der Raum wurde in warmes Licht getaucht.

»Der Löwe passt auf dich auf«, sagte Leon. »Und jetzt geh wieder ins Bett.«

Beim Hinausgehen ließ Leon die Tür ein Stück offen stehen. Da die angstmachende Dunkelheit verschwunden war, schlüpfte Lilly unter die Decke. Eine Weile schaute sie den Löwen an, dann fielen ihr die Augen zu. In dieser Nacht schlich Lilly das erste Mal seit langer Zeit nicht ins Schlafzimmer zu ihren Eltern. Auch in den nächsten Tagen schlief sie in ihrem Zimmer. Jetzt war sie wirklich ein großes Mädchen.

Und dann war endlich Heiligabend. In der Stube stand der geschmückte Weihnachtsbaum mit Kerzen, bunten Kugeln und Lillys Strohsternen. Bei Plätzchen und heißem Kakao wartete die Familie in der Küche auf den Weihnachtsmann, doch der kam nicht. Draußen wurde es schon dunkel und vom Himmel fielen dicke weiße Flocken. Allmählich wurde Lilly ungeduldig. Sie lief zum Fenster und drückte ihr Näschen an der kalten Scheibe platt.

»Ich bin kein Angsthase mehr. Vielleicht weiß das der Weihnachtsmann gar nicht.«

»Der Weihnachtsmann weiß alles«, erklärte die Mama. »Heute muss er ganz viele Kinder besuchen. Das dauert.«

Endlich klopfte es an der Haustür. Lilly vergaß fast zu

atmen, so aufgeregt war sie. Papa stand auf und ging hinaus, um zu öffnen.

»Ho, ho, ho …«, tönte eine tiefe Stimme durchs Haus. »Wohnen hier Lilly und Leon?«

»Ja«, hörten sie den Vater antworten. »Willst du nicht reinkommen, lieber Weihnachtsmann?«

»Leider habe ich wenig Zeit, weil ich heute noch zu vielen Kindern muss. Nimm schon mal den Sack und leg die Geschenke unter den Tannenbaum. Ich begrüße inzwischen deine Familie.«

Schwere Schritte stiefelten durch die Diele. Und dann stand der Mann mit dem weißen Bart in seinem roten Mantel in der Küchentür.

»Seid ihr Lilly und Leon?«

Beide rührten sich nicht, nickten aber.

»Ich habe gehört, wie gern du zur Schule gehst und fleißig lernst«, sagte der Weihnachtsmann zu dem Jungen. »Das ist gut. Weiter so.« Nun schaute er Leons Schwester an. »Und du bist die Lilly, die keine Angst mehr vor Monstern hat?«

Stumm schaute sie den Mann in Rot an und nickte noch einmal. »Jetzt bist du also ein großes und mutiges Mädchen. Das freut mich sehr.« Er nahm den leeren Sack von Papa entgegen. »Nun muss ich schnell weiter. Seid immer schön brav, dann komme ich nächstes Jahr wieder. Fröhliche Weihnachten!«

»Fröhliche Weihnachten«, flüsterten die Kinder und liefen zum Fenster. Sie sahen gerade noch, wie der Weihnachtsmann durch den hohen Schnee stapfte und hinter der Scheune verschwand.

Frieden auf Erden

Bettina Reimann

Da war er wieder, dieser Wunsch, der in diesem Jahr auf so vielen Zetteln stand. »Friede auf Erden« oder »Weltfrieden«. Manchmal stand da auch in krakeliger Kinderschrift einfach: »Ich wünsche mir, dass nie wieder Krieg ist.« Es waren nicht die ganz Kleinen, die diese Wünsche notierten. Kinder, die schon richtig schreiben konnten und langsam in das Alter kamen, in dem sie anfingen, an seiner Existenz zu zweifeln, die schrieben so etwas.

Es war ein altes Weihnachtsgesetz, dass er nur die Kinder beschenken durfte, die an ihn glaubten. Sobald sie davon überzeugt waren, dass es den Weihnachtsmann gar nicht geben könne, musste er seine Lieferung einstellen und die Eltern hatten selbst für Geschenke zu sorgen. Die Wunschzettel strandeten in sogenannten »Weihnachtspostämtern« und erreichten ihn nicht mehr.

Das tat ihm oft leid, denn auch Kinder armer Familien wünschten sich kostspielige Dinge, die sie nie bekommen würden, wenn er nicht dafür sorgte.

Ganz klar: Bei Kindern, denen er den Wunsch nach Frieden nicht erfüllen könnte, würden die Zweifel steigen und dann würde er sie verlieren. Neulich hatte ihn ein kleiner Junge namens Timo bei einem Ortstermin in Hannover zur

Eröffnung des Weihnachtsmarktes sogar ganz direkt darum gebeten: »Lieber Weihnachtsmann, kannst du machen, dass nirgends mehr Krieg ist?«

»Nein«, hatte er geantwortet. »Da bin ich machtlos.«

Dann hatte er den Jungen nach anderen Wünschen gefragt, doch der schüttelte nur traurig den Kopf.

Seither grübelte der Weihnachtsmann, wie er den Kindern, die sich in so jungen Jahren schon Sorgen um die Welt machten, erklären konnte, dass er zwar eine Playstation oder sogar ein Pony heranschaffen konnte, jedoch nicht in der Lage war, Frieden herbei zu zaubern.

Und wenn er es einfach mal versuchen würde? Er schaute auf den großen Globus, der im Weihnachtsdorf am Nordpol aufgestellt war und die möglichen Flugrouten für den Rentierschlitten anzeigte. Überall dort, wo gerade bewaffnete Konflikte stattfanden, umflog er die Region weiträumig, damit seine Rentiere und er nicht zu Schaden kamen.

Die Situation war seit dem vergangenen Jahr nicht besser geworden, die Umwege wurden immer größer. Der Weihnachtsmann betrachtete all die warnend leuchtenden Lämpchen und stellte fest, dass es die Rentiere auch in diesem Jahr Mut kosten würde, mit ihm in die Ukraine zu fliegen, wo Kinder sehnsüchtig auf ihn warteten.

Aber selbst Frieden schaffen? Der Weihnachtsmann grübelte bis zum Morgen, obwohl er doch eigentlich vorschlafen musste, um die anstrengendste Nacht des Jahres durchzuhalten. Schließlich kontaktierte er seine Kollegen Nikolaus, Väterchen Frost und das Christkind, die für andere Termine und Regionen auf der Landkarte zuständig waren und sich mit ihm die Arbeit teilten. Beide kannten das Problem mit den unerfüllbaren Wünschen nach Frieden. Nun hatte der Weihnachtsmann sie mit seiner Grübelei angesteckt.

Väterchen Frost schickte am Tag darauf eine Message bei Xmas (vormals Glitter), dem Kurznachrichtendienst für Weihnachtsarbeiter, in der er murrte: »Jetzt hab ich auch schlaflose Nächte, Bruder. Danke. Wär nicht nötig gewesen.«

Das Christkind, sonst zu dieser Jahreszeit stets euphorisch, postete keine lustigen Memes mehr, sondern nur noch traurige Sinnsprüche. Der Nikolaus, der in jedem Jahr die festliche Zeit bei Xmas dadurch einläutete, dass er ein Video des Liedes »Last Christmas« verlinkte, blieb dem Kurznachrichtendienst völlig fern.

Manche kleinen Elfen und Wichtel wunderten sich schon, was da abgehe. Sie warteten darauf, mit dem Lästern anzufangen, das traditionell dem Posten des englischen Weihnachtsschlagers folgt - doch Nikolaus und sein Kultposting tauchten nicht auf.

Der Osterhase, der bei Xmas, seit er einmal den Weihnachtsdienst ausprobiert hatte, einen Gastaccount besaß, glitterte am 1. Dezember: »Was is los bei euch? Aufwachen, ihr Trübtassen. Bald müsst ihr los! Und wo bleibt 'Last Christmas'?«

So konnte es nicht weitergehen. Der Weihnachtsmann musste den pfiffigen kleinen Timo aus Hannover noch einmal treffen, um herauszufinden, womit man die Kinder, die sich Frieden auf Erden wünschten, ersatzweise glücklich machen konnte. Er zog seine Zivilbekleidung an, die er für alle Fälle besaß, und machte sich auf den Weg in die niedersächsische Landeshauptstadt. Timo traf sich oft mit Freunden auf dem »Wakitu« in der Eilenriede, einem großen Spielplatz im Stadtwald. Wenn der Weihnachtsmann Kinder befragen wollte, zum Beispiel, weil er sich nicht erklären konnte, warum ein bestimmtes Spielzeug plötzlich so groß in Mode kam, dann nutzte er gern die Tarnung als Reporter einer Zeitung. So machte er es auch in Hannover.

Die Mütter, die am Rande des Spielplatzes saßen, waren einverstanden, dass er die Kinder unter ihrer Aufsicht interviewte. Nur Fotos sollte er nicht machen. Kein Problem, schließlich war er nicht wirklich von der Neuen Presse.

Auf die Frage, was sie sich zu Weihnachten wünschten, antworteten die Kinder zunächst ganz unterschiedlich und einige betonten, dass ihre Familien kein Weihnachten feiern würden, weil sie eine andere Religion hätten.

»Aber wenn es den Weihnachtsmann gibt und ihr euch etwas wünschen dürftet, was wäre es?«, fragte er

Timo antwortete als Erster: »Meinen Wunsch kennt der Weihnachtsmann schon. Ich wünsche mir, dass die Kriege auf der Welt aufhören. Und eine Wii.«

»Sowas kann man sich auch wünschen?«, fragte ein dunkelhaariger kleiner Junge, dessen Familie kein Weihnachten feierte.

»Vom Weihnachtsmann darf man sich alles wünschen«, behauptete Timo. »Dann will ich auch eine Wii«, sagte der Dunkelhaarige. »Und dass überall Frieden ist, will ich auch.«

Immer mehr Kinder kamen dazu und eines murmelte leise: »Ich wünsche mir, dass mein Bruder nicht mehr gemobbt wird in der Schule. Der weint immer.«

Der Weihnachtsmann ging nachdenklich und betroffen vom Spielplatz, rief in der Nähe der Markuskirche ein Taxi und fuhr damit zum Langenhagener Flughafen, wo in der un-

194

scheinbaren kleinen Halle »W«, die sich weit hinten auf dem Airportgelände an der Grenze zum ehemaligen Dorf Schulenburg-Nord befand, die Rentiere warteten.

Dass der Weihnachtsmann hier nahe an der Landeshauptstadt eine seiner Zwischenstopp-Stationen unterhielt, an denen die Rentiere gefüttert wurden, war selbst den meisten Airportmitarbeitenden nicht bekannt. In der Abflughalle, in der er in seiner Zivilkleidung nicht auffiel, spielten sie über Lautsprecher das Lied, das längst auch im Weihnachtsmanndorf gedudelt werden sollte, wäre nicht allen der Spaß vergangen.

Er wartete bis zum Einbruch der Dunkelheit und flog dann schnurstracks heim an den Nordpol. Während des langen Fluges über beleuchtete Städte und dunkle Landschaften reifte eine Idee in ihm. Diese Kinder wünschten sich Frieden, Gerechtigkeit, dass kein Kind mehr hungern musste. Er, der Weihnachtsmann, konnte diese Wünsche nicht erfüllen. Aber wenn jedes Kind auf der Welt diese Wünsche bis in das Erwachsenenalter hinein behielt, dann würde diese Kindergeneration vielleicht dafür sorgen können, dass wirklich Frieden auf die Erde käme. Sie durften diesen unschuldigen Wunsch nur nie vergessen.

Zuhaus am Nordpol setzte sich der Weihnachtsmann an seinen Schreibtisch und verfasste einen Brief.

»Lieber Timo! Frieden ist etwas, das auch der Weihnachtsmann allein nicht schaffen kann. Dafür brauche ich jedes Kind auf der Erde, das auch den Wunsch nach Frieden hat. Darum mache ich dir und allen Kindern, die in diesem Jahr etwas zu Weihnachten bekommen, ein besonderes Geschenk. Es ist eine Aufgabe und diese Aufgabe soll dich ein Leben lang begleiten und zu einem zufriedenen gerechten Menschen machen. Bewahre den Wunsch auf Frieden für immer in deinem Herzen und setze dich, wenn du erwachsen bist, dafür ein. Sei stets gerecht und hilf in der Schule den Kindern, die gemobbt werden. Wenn du dich mit jemandem streitest, dann bemühe dich, den Streit schnell beizulegen, denn dann schaffst du Frieden in deiner eigenen kleinen Welt. Vergiss nie, dass jeder Mensch ein Teil der Welt ist und jeder einen kleinen Teil zur Welt beitragen kann. Wenn genügend Menschen bereit sind, nur friedliche Gedanken beizutragen, dann kann Frieden entstehen.«

Der Weihnachtsmann las den Brief wieder und wieder und beschloss, ihn nicht nur, versehen mit dem jeweiligen Namen des Kindes und in dessen Landessprache, bei jenen Kindern abzuliefern, die auf seiner Liste standen. Die Wichtel mussten ab diesem 4. Dezember Sonderschichten fahren, denn auch der Nikolaus, Väterchen Frost und das Christkind waren bereit, die Briefe zu verschenken. Und jeder sagte zu, eine riesige Zahl von Briefen überall dort nachts vom Himmel regnen zu lassen, wo kaum jemand an sie glaubte. Die Botschaft, dass Frieden werden kann, wenn sich jeder einzelne Mensch entschließt, dabei zu helfen, musste überall ankommen.

Es war die Generation der Kinder, an der es lag, dass die Welt in eine friedlichere Zukunft gehen würde. Und wenn sie alle an einem Strang zogen, dann konnte es gelingen. »Ich mache im nächsten Frühling auch mit«, bekräftigte der Osterhase auf Xmas.

Der Weihnachtsmann lehnte sich zurück - erschöpft aber zufrieden. Was blieb, war die Hoffnung auf eine friedlichere

Zukunft mit all diesen Kindern, die sie sich wünschten. Und es blieb noch einen Tag Zeit für des Nikolaus' originellste Aufgabe unter den Traditionen am Nordpol. Der Weihnachtsmann erinnerte ihn auf Xmas daran: »Verlinkt hier endlich mal jemand Last Christmas?«

Der Weihnachtsmann steigt aus

Claudia Rimkus

Von drauß' vom Walde kam er her,
mit einem Sack, doch der war leer.
Wollt' nicht mehr die Geschenke bringen
und keine Weihnachtslieder singen.

Schon ewig lang war er der Mann,
auf den man sich verlassen kann.
Jahraus, jahrein in heiliger Nacht,
hat Gaben er ins Haus gebracht.

Seit jeher zog er um die Welt,
war unterwegs für wenig Geld.
Für Kinder hat er's gern gemacht,
sie waren froh, haben gelacht.

Doch irgendwann war das vorbei,
und es begann die Nörgelei.
Wünsche sprengten jeden Rahmen,
niemand kannte ein Erbarmen.

War ein Geschenk einmal nicht recht,
erging dem Weihnachtsmann es schlecht.
Wurd' angepöbelt, attackiert,
da hat er sauer reagiert.

In ihm reifte der Entschluss,
dass sich etwas ändern muss.
Diese Weihnachtsdudelei
war jetzt endgültig vorbei.

Nie mehr durch kalte Nächte hetzen,
will er sich jetzt zur Ruhe setzen.
Die alten Knochen tun ihm weh,
wünscht Sonnenschein sich, anstatt Schnee.

Er will nicht mehr am Nordpol hocken,
da weltweit schöne Strände locken.
Mit Rudi in den Ruhestand
will er in einem warmen Land.

Mit schmaler Rente ist das schwer,
genügend Kapital muss her.
Spenden werden da nicht reichen,
um jede Rechnung zu begleichen.

Er braucht viel Bargeld, keine Frage,
das verbessert seine Lage.
Kohle, Zaster oder Mäuse
für Altersarmut-Nikoläuse.

Nie mehr im Leben Päckchen packen,
Eher schon einen Safe mal knacken.
Doch dafür braucht man das Knowhow,
im Internet macht er sich schlau.

Fand die Idee dann nicht mehr herrlich,
Sprengstoff war ihm zu gefährlich.
Beim Spaziergang durch den Schnee
kam ihm 'ne bessere Idee.

Mit Glühwein er sich Mut antrank,
und stiefelte in eine Bank.
Dort haben sich 'ne Menge Leut'
über den Besuch gefreut.

Doch der liebe Weihnachtsmann
schaute die Menschen dort böse an.
Niemand war so recht im Bilde,
was führte er denn nur im Schilde?

Der zog die Knarre schnell hervor,
man öffnete ihm den Tresor.
Rudi aus der Welt der Tiere
stand natürlich draußen Schmiere.

Diese Tat sprach sich herum,
alle fragten sich: Warum?
Die Menschen waren tief geschockt,
dabei hatten sie's selbst verbockt.

Das alles war sehr schnell passiert.
Kein Mantel mehr, den Bart rasiert.
Unerkannt und ganz ganz leise
mit Rudi auf die letzte Reise.

Zusammen in der Südsee chillen
hin und wieder Würstchen grillen,
genießen sie das Leben nun,
haben Zeit, sich auszuruh'n.

Schiller, Goethe, Thomas Mann,
jetzt sind die tollen Bücher dran.
Lesen, was das Herz begehrt,
stundenlang, ganz unbeschwert.

Und wer steht nun allzeit bereit
in der heiligen Weihnachtszeit?
Wer lässt jetzt die Glöckchen klingen?
Wer wird die Geschenke bringen?

DHL und DPD
kämpfen sich durch Eis und Schnee,
Hermes und auch Amazon -
's ist schade um die Tradition.

Ein neuer Weihnachtsmann muss her,
doch den zu finden, wird sehr schwer.
Vielleicht haben wir ganz viel Glück -
und der Alte kehrt zurück.

ENDE

Bücher von Claudia Rimkus

Charlotte Stern ermittelt:
Hannover-Krimis im Gmeiner-Verlag

Eichengrund   ISBN: 978-3-8392-2204-1
Rabeneck   ISBN: 978-3-8392-2588-2
Uhlenbrock   ISBN: 978-3-8392-0088-9
Erlenried   ISBN: 978-3-8392-0259-3
Letztes Kapitel Hannover
                ISBN: 978-3-8392-0612-6

Kriminelle Kurzgeschichten,
Gmeiner-Verlag:
Mörderisches aus Hannover
(mit Heike Wolpert)
ISBN: 978-3-839-2254-0

Kurzgeschichten in:
Schicksalssommer - von heiter bis tödlich
Verlag DeWinter Waldorf Glass (DWG):

Benefizanthologie, ISBN 978-3-98650-016-0
Der Erlös kommt komplett dem Bollerwa-
gen-Café zugute, das sich für Obdachlose in
Hannover einsetzt.

Bücher von Bettina Reimann

Aller-Krimis: Dreimal Spannung!

Aller-Wolf: Teil 1 der Reihe
Gmeiner-Verlag, 2022
ISBN: 978-3-8392-0226-5

Spargel-Geheimnis im Allertal: Teil 2
Gmeiner-Verlag, 2023
ISBN: 978-3-8392-0509-9

Aller-Rache: Teil 3
be!media-Verlag, 2024
ISBN: 978-3-00-077915-2

Im friedlichen Flachland, wo die Dörfer malerisch sind und die Flüsse still mäandern, ist das Grauen näher als du denkst!

Aufgewachsen in Hannover

in den 70er & 80er Jahren, 64 Seiten
Erschienen im Wartberg-Verlag
im Jahr 2023

ISBN: 978-3-8313-3543-5